叢書 THINK OUR EARTH 9 地球発見

子どもたちへの開発教育

世界のリアルをどう教えるか

西岡尚也

ナカニシヤ出版

目次

子どもたちへの開発教育●世界のリアルをどう教えるか

叢書・地球発見9

［企画委員］

千田 稔
山野正彦
金田章裕

序章　「ホワイトバンド」だけでよいのか？

●ほっとけない世界の貧しさ

ここ数年わが国では『世界がもし一〇〇人の村だったら』（池田ほか二〇〇一）の出版を契機に、地球規模での経済格差問題に関心が高まっている。さらに「ほっとけない世界のまずしさ」キャンペーン、「貧困は人災です」などのポスターを見る機会が増え、コンビニでは「貧困撲滅」への意思表示としての、「ホワイトバンド」が売られている。同じ地球に住む人間として、貧困に苦しむ人びとへ「関心」が高まることは、大いに評価し

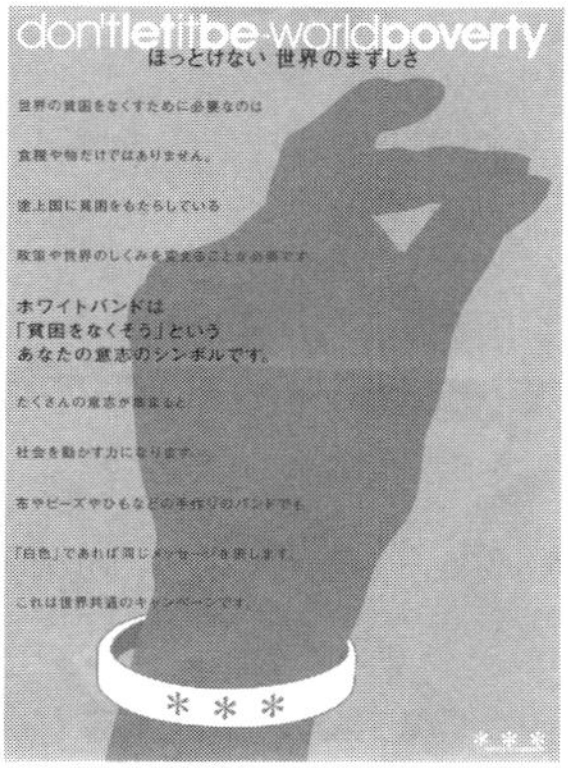

「ホワイトバンド」キャンペーンのパンフレット

たいし、喜ばしいことである。

けれどもファッションの一つとして「ホワイトバンド」を付けただけで満足していないだろうか。私はこのキャンペーンを、ぜひ次の段階である社会を変革する「行動」に発展させてほしい、と考えながらこの本を書いている。そのためには、まず私たちの足元の星＝「地球」を正しく理解することからスタートする必要がある。

第1章では「頭の中の世界地図」を例にあげ、日本人の世界認識が欧米先進国中心・途上国欠如であることを指摘した。このことは謙虚に反省したい。

また、本書では各章末に「シルエットクイズ」により、世界地図・日本地図に、楽しみながら親しんでもらう工夫をしている。

第2章では、偏った日本人の世界認識の起源が、明治以降の地理教育の責任であることを明らかにした。これをうけて、第3章は現在の教科書における「記述」の問題点を、特に軽視されているアフリカに視点をあてて検討した。

そして第4章では、開発教育の歴史と視点を紹介し、どうすれば「世界の貧しさ」がなくなるのかをいっしょに考えたいと思う。『世界がもし一〇〇人の村だったら』を読み、「ホワイトバンド」を付けた若者が、広く地球全体に視野を広げ「知識理解」から「行動」へと、社会を動かすエネルギーを発揮してくれることを期待している。

●日本を救った地理教育

吉田松陰（一八三〇〜五九年）は「……地を離れて人なく、人を離れて事なし。故に人事を論ぜんと欲せば、まず地理を観よ……」『幽囚録、附録・金子重輔行状』（一八五四）と述べ、誰よりも地理教育を重視した教育者である（辻田 一九七一、二五九頁）。松下村塾の壁には世界地図が掲げてあった。地理教育を重視し広く日本全体・世界へ目を向けることで、優秀な人材が育ったのである。地理教育のはたした役割は大きい（第2章2参照）。

ジョン万次郎（一八二七〜九八年）は、漂流の結果アメリカ合衆国で学び、一八五一年琉球国へ上陸した。彼は数冊の書籍（英文）と七枚の世界地図を持ち帰った。琉球、薩摩、長崎で取り調べを受けて、五二年土佐に帰郷した。画家で儒学者の河田小龍（一八二四〜九八年）は、万次郎の持ち帰った世界地図を正確に写し、その漂流体験を『漂巽紀略《ひょうそんきりゃく》』（一八五二年）に著している。坂本龍馬（一八三三〜六七年）は小龍を訪ねた際、世界地図を見せられて、土佐藩や日本国の「小さな存在」を説かれ、それが海外に目を向ける契機になった。世界地図が龍馬を開眼したのである。

一八五三、五四年にペリー艦隊が開国を迫ると、幕府は万次郎を直参にして条約書の翻訳などで重用した。一八六〇年咸臨丸が太平洋を横断した時にも、艦長の勝海舟は、身分にこだわらず万次郎の語学力と航海技術を評価し同行させた。福澤諭吉もこの一員であり、サンフランシスコの書店で万次郎のアドバイスに従い『ウェブスター辞典』を購入した。帰国した海舟を龍馬が訪ね「弟子入り」したり、諭吉が英語塾（慶應義塾）での教育に力を入れたのも、その背景には万次郎の影響がある。さらに松陰の黒船密航計画も、帰国者の万次郎が、罰せられずに幕府に重用されたからであったと考えられる。

龍馬のいう「日本国の洗濯」＝「藩を越えた国家認識」が、薩長同盟につながり倒幕へ向かった。このように幕末期の地理教育が「藩益」から「日本国益」へと意識変革を促した結果、わが国は欧米の植民地にならなかった。地理教育が日本を植民地危機から救ったのである。

その後、子どもや女性を対象に著された福澤諭吉『世界國尽《くにづくし》』（一八六九年）は、世界地理教科書としての役割を果たし、一般大衆に世界地誌を普及させた。七五調の心地よいリズムで書かれた文章が、識字率の低かった大衆に暗唱されて一大ブームとなった。

●世界地図がない⁉

このようにわが国の近代化に地理教育、とりわけ世界地図がはたした役割は非常に大きかった。にもかかわらず、信じられないことであるが、日本の外務大臣執務室には最近まで（二〇〇一年五月まで）世界地図も地球儀も置かれていなかったという（千田稔　二〇〇五『地球儀の社会史』ナカニシヤ出版、五―八頁）。

同様に、日本の小中学校や高等学校の教室に、世界地図が貼られ地球儀が置かれていることは、

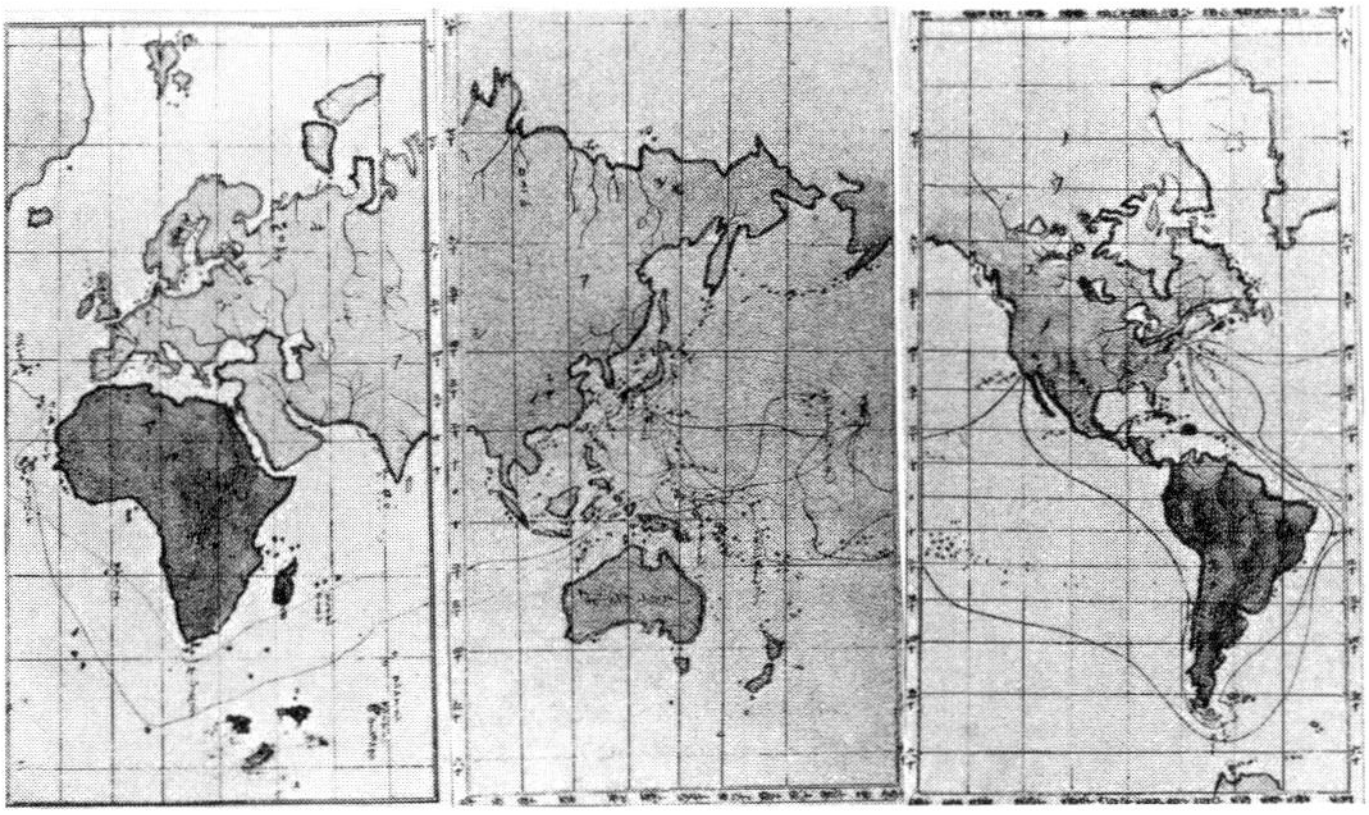

河田小龍（1852）『漂巽紀略』にある万次郎の航路が描かれた世界地図。
これを見せられた坂本龍馬は「広く海外に目を向ける」ようになった。
出典：中浜博（1991）『私のジョン万次郎―子孫が明かす漂流150年目の真実―』小学館，pp. 74-75

残念であるがまだまだ少ない。これでは、吉田松陰や坂本龍馬に対して「合わせる顔がない」気がする。世界に目を向けた「広い視野」を持つ子どもたちを育てるためにも、世界地図と地球儀をもっと活用してほしい。

●「地球」をとらえる開発教育の視点

二一世紀は地球規模の課題（環境問題・南北問題など）に直面した危機の時代である。幕末の歴史に学ぶなら、これまで優先してきた「国益」を捨て「地球益」という世界認識形成＝意識変革ができなければこの危機は克服できない。すなわち「人類の生存」も「一国の利益」も突き詰めれば、地球という場所・空間があるから「私たち

2頭のロバの話（7～9歳対象）

切り離した6コマの絵を子どもたちに配布し、ストーリーになるように並べかえさせ、なぜそう並べたか発表させる。

出典：ユニセフ（1994）『開発のための教育―ユニセフによる地球学習のための手引き―』p.A-9

の存在そのもの」が可能なのである。再び「地を離れて人なく、人を離れて事なし……」という松陰の視点が必要となる。また龍馬なら国家という価値観を乗り越えた「地球の洗濯」を唱えるだろう。

今日の地球規模の課題は、南北問題（途上国と先進国の経済格差問題）に集約される。したがって南北問題の解決をめざす世界地理が必要となる。南北問題の要因の多くは、大量生産・消費社会で過剰な開発を満喫している先進国側にある。

そして多くの先進国住民は第三世界の貧困に目を向けようとしない。同じ地球に住む第三世界の人々の課題を、地理教育で伝えることが、先進国住民の「意識変革」のきっかけを促すと考えられる。

私は、開発教育を「南北問題の解決をめざす、南北問題を中心に置いた国際理解教育」としてとらえている。そして世界地理に開発教育の視点を取り入れ、「国境」を越える「地球人・地球市民」意識を喚起できれば、地理教育が社会に大きく貢献できる場所が生まれると考えたい。その結果地理教育は「役立つ」ことになり、再評価され活性化すると考えられる。本書が地理教育の活性化と、開発教育の拡大に少しでも役立てば大変幸せである。

1　頭の中の世界地図

1　手描き世界地図にみる日本人の世界認識

●それぞれの世界地図

私たちの生活舞台は地球表面である。ふだん世界全体・地球全体を意識することは少ないとはいえ、生まれてから何度もさまざまな世界地図に接している。また日常生活では、テレビをはじめさまざまなメディアに登場する海外の情報や映像にふれている。それらは無意識のうちに記憶され残る。さらに自らが現地を訪問する海外旅行の機会も増えた。そうすることで地域イメージを形成しつつ、各自が「頭の中の世界地図」を作成してきた。

このような各自のイメージにある世界地図を、何も参考にしないで描いてもらうことにより、「頭の中の世界地図（メンタルマップの一種）」が集められる。私は表1―1の方法で一定の条件を決めて、合計一八七八人の地図を集め、A～Eの五段階に分類した（図1―1～4参照）。

これらを分析することで、日本人の世界観（世界認識、世界地図イメージ）の傾向や特徴が考察できる。

●日本人の世界観

第一に「自分の国（日本）」を中央に描く傾向が、ほぼ全員に共通してみられた。A段階「日本とその周辺が描けている」を、判断するのは容易であった。しかし、B段階「大陸が一～二つ描けている」と、C段階「大陸が三～四つ描けている」の区分（境界）には最も苦労した。そこでどんな形であれ、大陸が三つ描けたらC段階とした。したがってC段階が四五・一％で最も多くなった。

C段階にはオーストラリア大陸が登場してくるものの、アフリカ大陸がなかったり、ユーラシア大陸そのものがアフリカと混同されているものもある。いずれにせよC段階の大部分も「満足のできる」「およそ正確」という世界地図ではなかった。またC段階とD段階の境界もこれに次いであいまいであり、分類には苦心した。

以上をまとめると、残念であるが高校生以上の日本人でほぼ満足に世界地図が描ける、すなわちD段階は一五・五％であった。仮にこれにC段階の一部（上位）を加えても、二〇％には満たないだろう。したがって、何も描けなかったE段階の二・六％を含めて、**約八〇％の日本人が満足な世界地図が描けない**ことになる。私たちはこの事実を謙虚に受け止める必要がある。これは国際化する現代社会に生きるうえで、深刻な問題であると考えられる。

●「遠い」第三世界（地域）

次に詳細にD段階の地図をみてみよう、すると東アジア（日本の近辺）・ヨーロッパ・北アメリカの国名などの認識が比較的正確である。これに対して、アジア（東アジア以外）・アフリカ・ラテンアメリカ・オセアニアの、いわゆる「第三世界（地域）」のイメージが乏しい事例が多くみられた。日本近辺の東アジアが詳しいのは、新聞やテレビの天気予報でたびたび目にするためと考えられる。また、ヨーロッパ・北アメリカが詳しいのは、欧米の情報が、日本のマスコミには多いことが要因と考えられる。

C段階に分類した図1—5（社会人二二歳女性）は、その典型である。「遠くのヨーロッパ」の方が「近くのアジア」より強く認識されている。そして東南アジア・南アジアから西アジアのイメージが極端に欠如し、その先のヨーロッパやアフリカにつながらないのである。イタリア半島あなたの世界地図認識をチェックします。
次の枠内に世界地図を描いてください。(何も見ずに、10分以内で)

《診断結果》下の表で診断してください。さて、あなたはA～Eのどの段階でしたか？

表１―１　手描き世界地図調査方法と結果

方法：各人の頭の中にある世界地図を自由に描いてもらう。
対象：高校生・大学生・社会人、合計1,878人。
条件：事前予告なし。何も参考にしないで自分の頭の中にあるイメージで世界地図を自由に描いてもらう。
８×12cmの枠内に書くように指示する。(用紙配布)
時間10分以内。時間が余れば地名(国・都市)等を記入。
注意：成績や評価に関係しないことを説明し、できるだけリラックスした状態で行う。詳細にこだわらず大まかに全体を描くように指示する。

A段階：日本とその周辺が描けている。	264人	14.1%
B段階：大陸１～２つが描けている。	427人	22.7%
C段階：大陸３～４つが描けている。	847人	45.1%
D段階：およそ正確な世界地図である。	292人	15.5%
E段階：何も描けない(白紙)。	48人	2.6%
合　　計	1,878人	100%

備考：各段階の基準は厳密でなく、私の主観で判断した。例にあげた各図は私がトレーシングペーパーで写し取ったものである

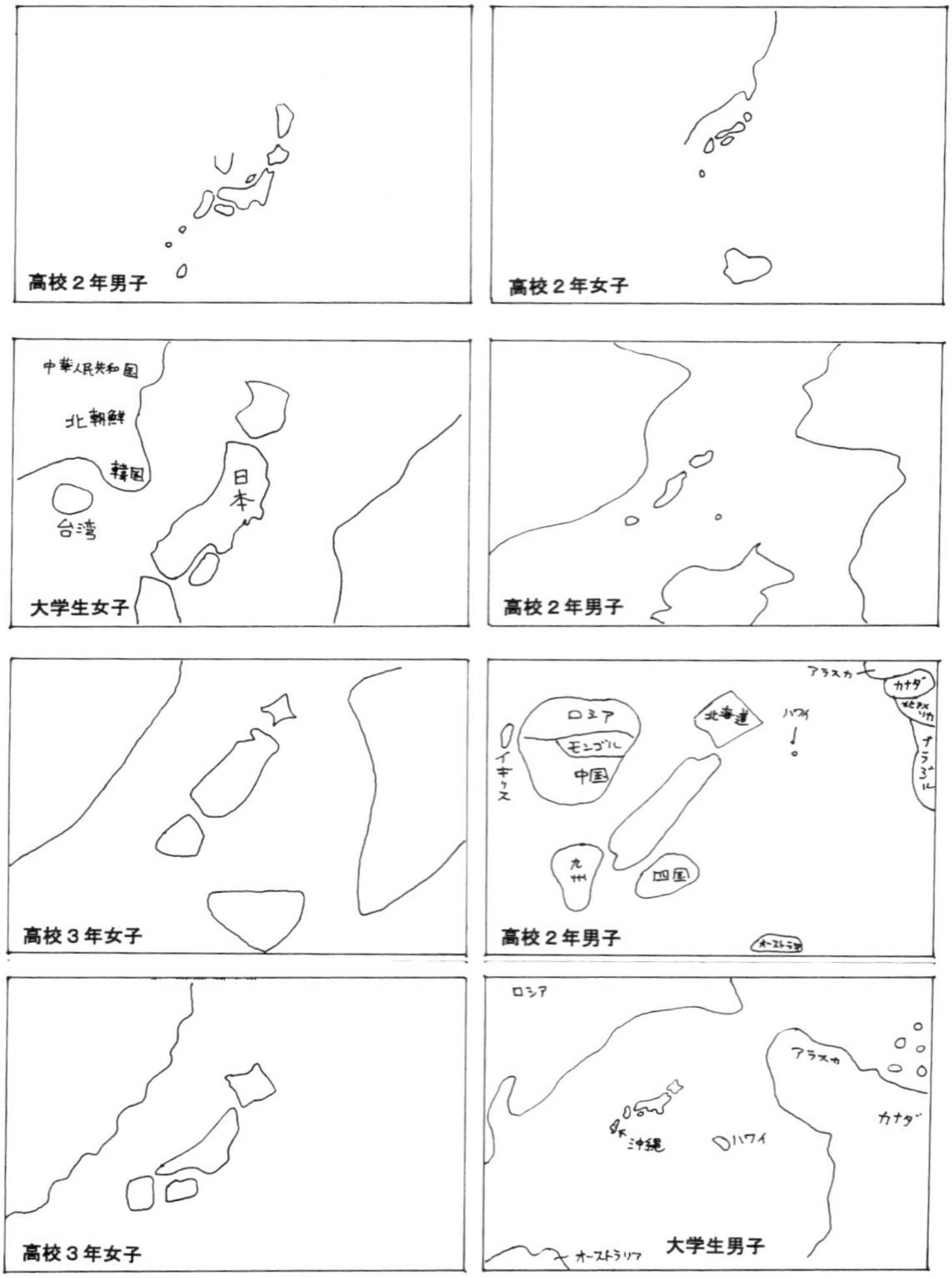
高校２年男子
高校２年女子
中華人民共和国
北朝鮮
韓国
日本
台湾
大学生女子
高校２年男子
高校３年女子
ロシア
モンゴル
中国
イギリス
北海道
ハワイ
アラスカ
カナダ
ブラジル
九州
四国
高校２年男子
オーストラリア
高校３年女子
ロシア
アラスカ
カナダ
沖縄
ハワイ
オーストラリア
大学生男子

中の世界地図」の例

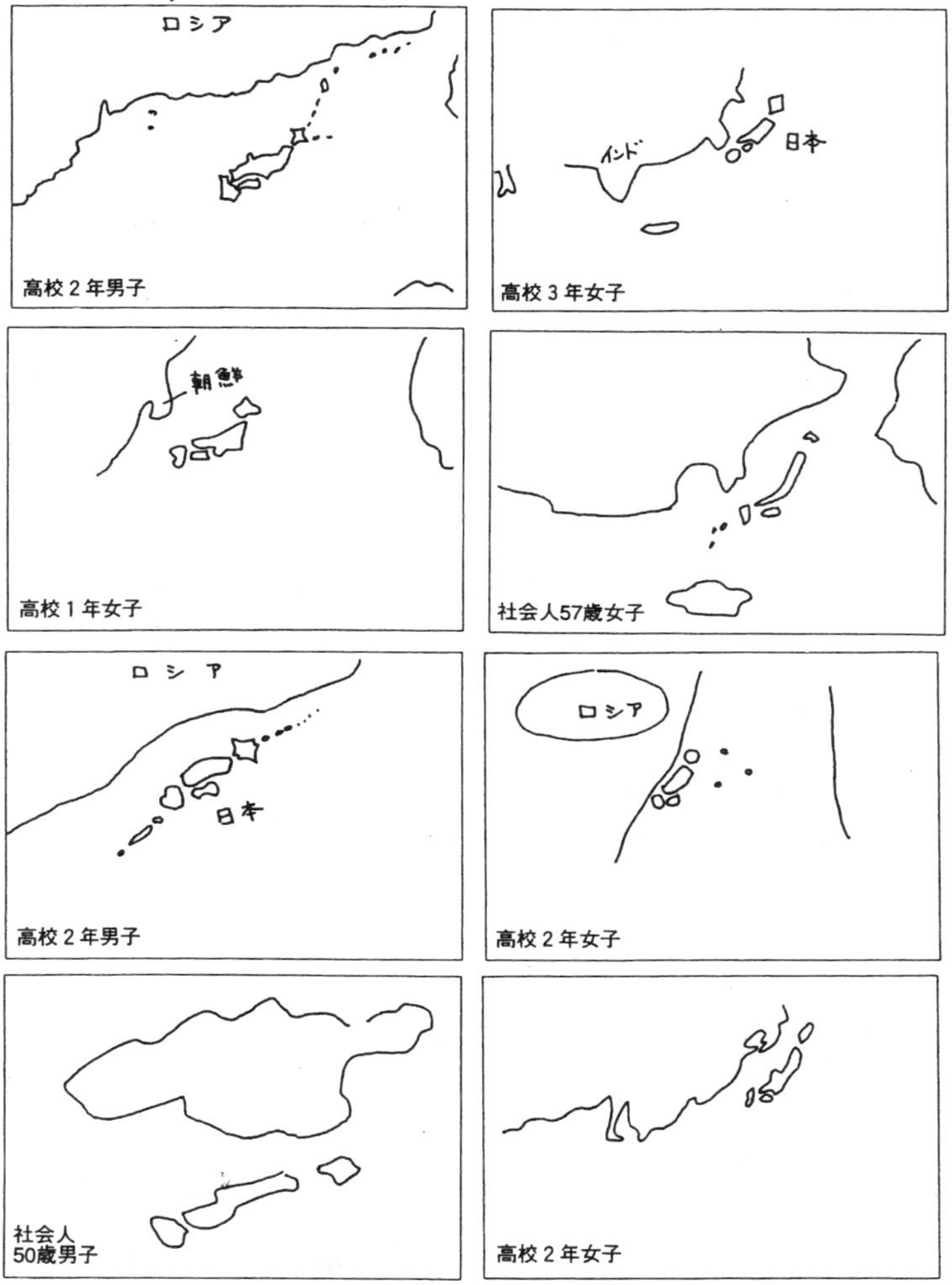
ロシア
高校2年男子
インド
日本
高校3年女子
朝鮮
高校1年女子
社会人57歳女子
ロシア
日本
高校2年男子
ロシア
高校2年女子
社会人
50歳男子
高校2年女子

図1—1　A段階の「頭の

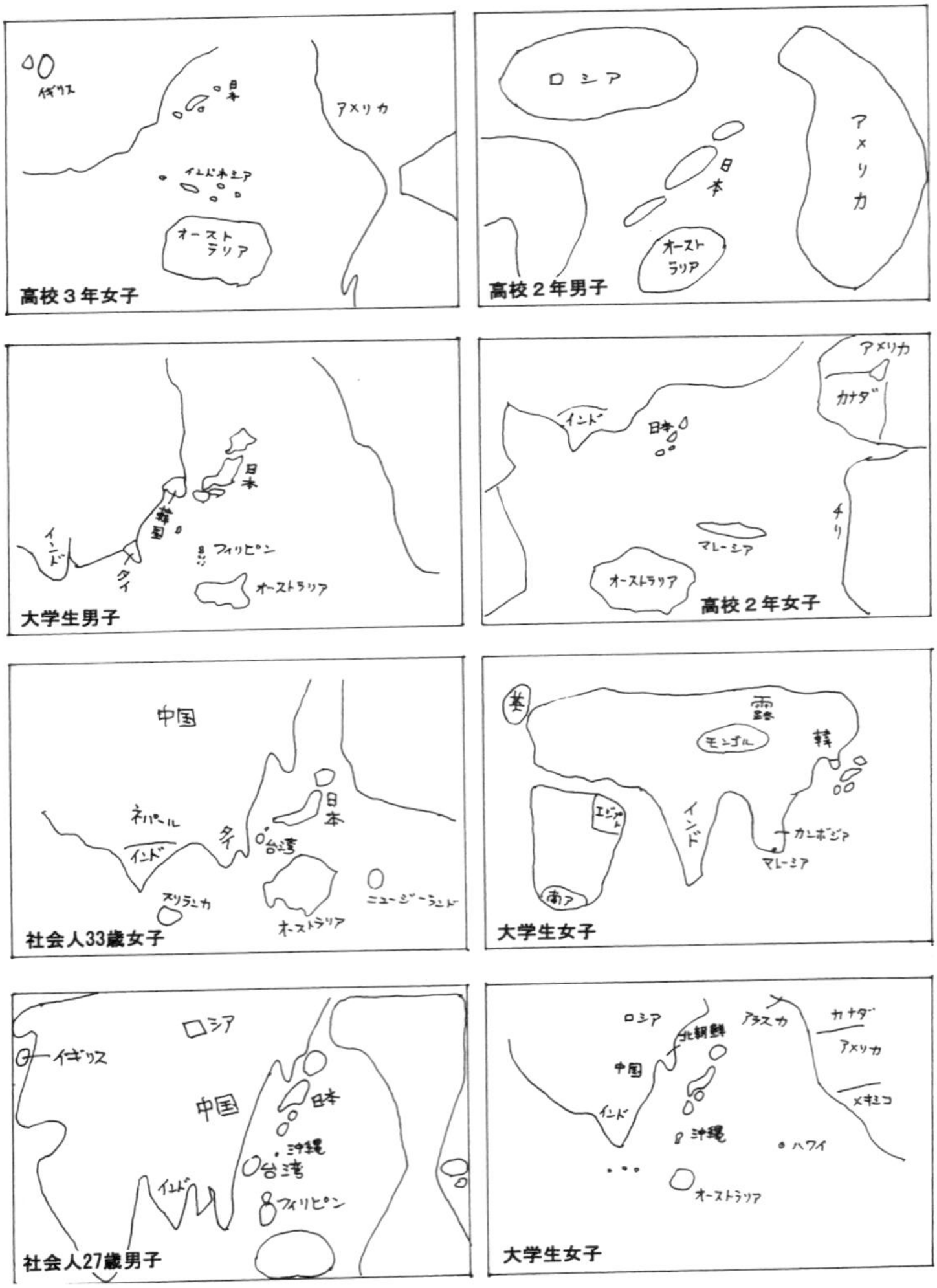
イギリス
日本
アメリカ
インドネシア
オーストラリア
高校３年女子
ロシア
アメリカ
日本
オーストラリア
高校２年男子
日本
韓国
インド
タイ
フィリピン
オーストラリア
大学生男子
アメリカ
カナダ
インド
日本
チリ
マレーシア
オーストラリア
高校２年女子
中国
日本
ネパール
インド
台湾
スリランカ
ニュージーランド
オーストラリア
社会人33歳女子
モンゴル
韓
インド
エジプト
カンボジア
マレーシア
南ア
大学生女子
ロシア
イギリス
中国
日本
沖縄
台湾
インド
フィリピン
社会人27歳男子
ロシア
北朝鮮
アラスカ
カナダ
アメリカ
中国
インド
沖縄
メキシコ
ハワイ
オーストラリア
大学生女子

中の世界地図」の例

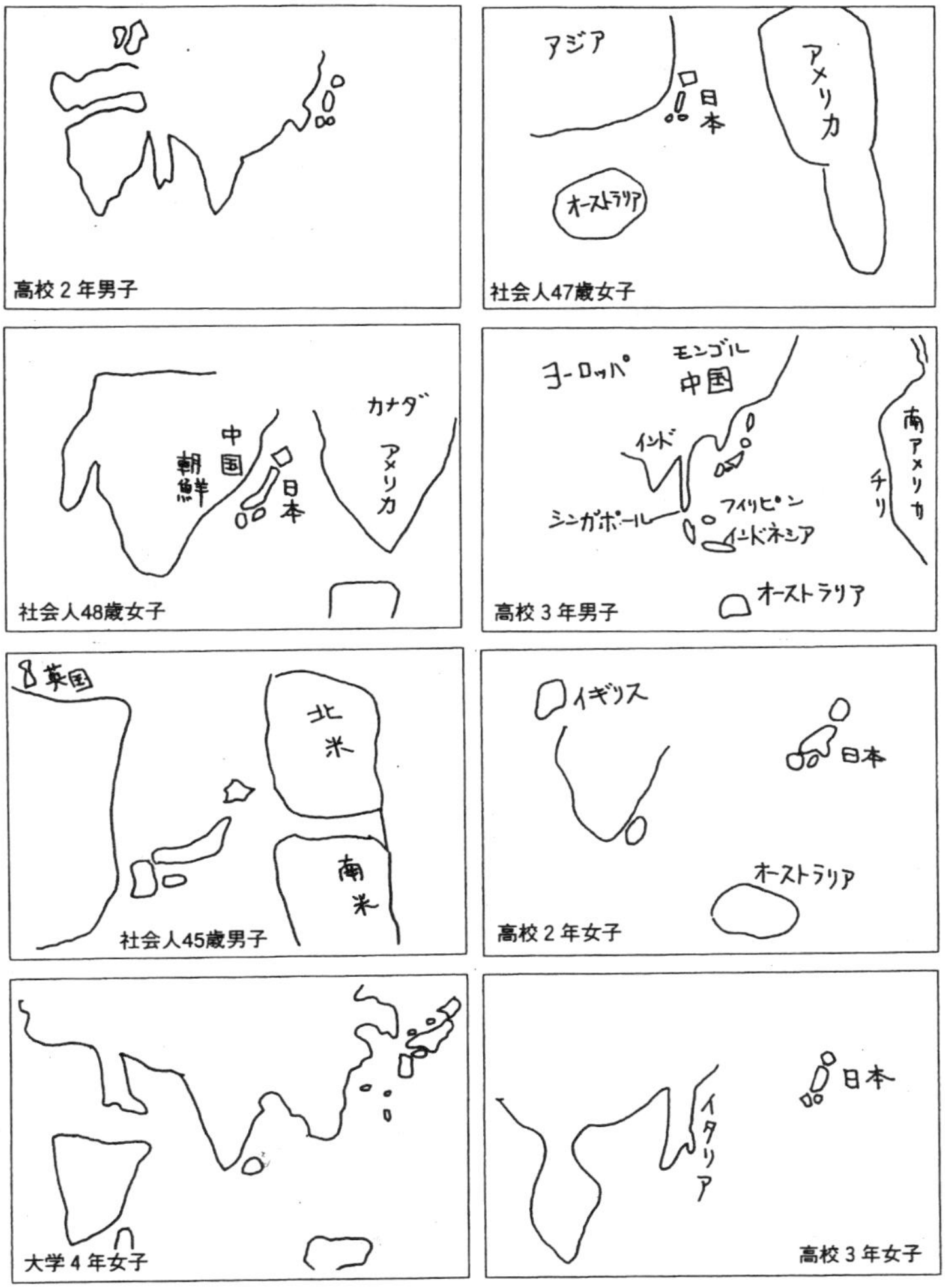
高校２年男子
アジア
日本
アメリカ
オーストラリア
社会人47歳女子
カナダ
中国
朝鮮
日本
アメリカ
社会人48歳女子
ヨーロッパ
モンゴル
中国
インド
シンガポール
フィリピン
インドネシア
南アメリカ
チリ
オーストラリア
高校３年男子
英国
北米
南米
社会人45歳男子
イギリス
日本
オーストラリア
高校２年女子
大学４年女子
日本
イタリア
高校３年女子

図１—２　Ｂ段階の「頭の

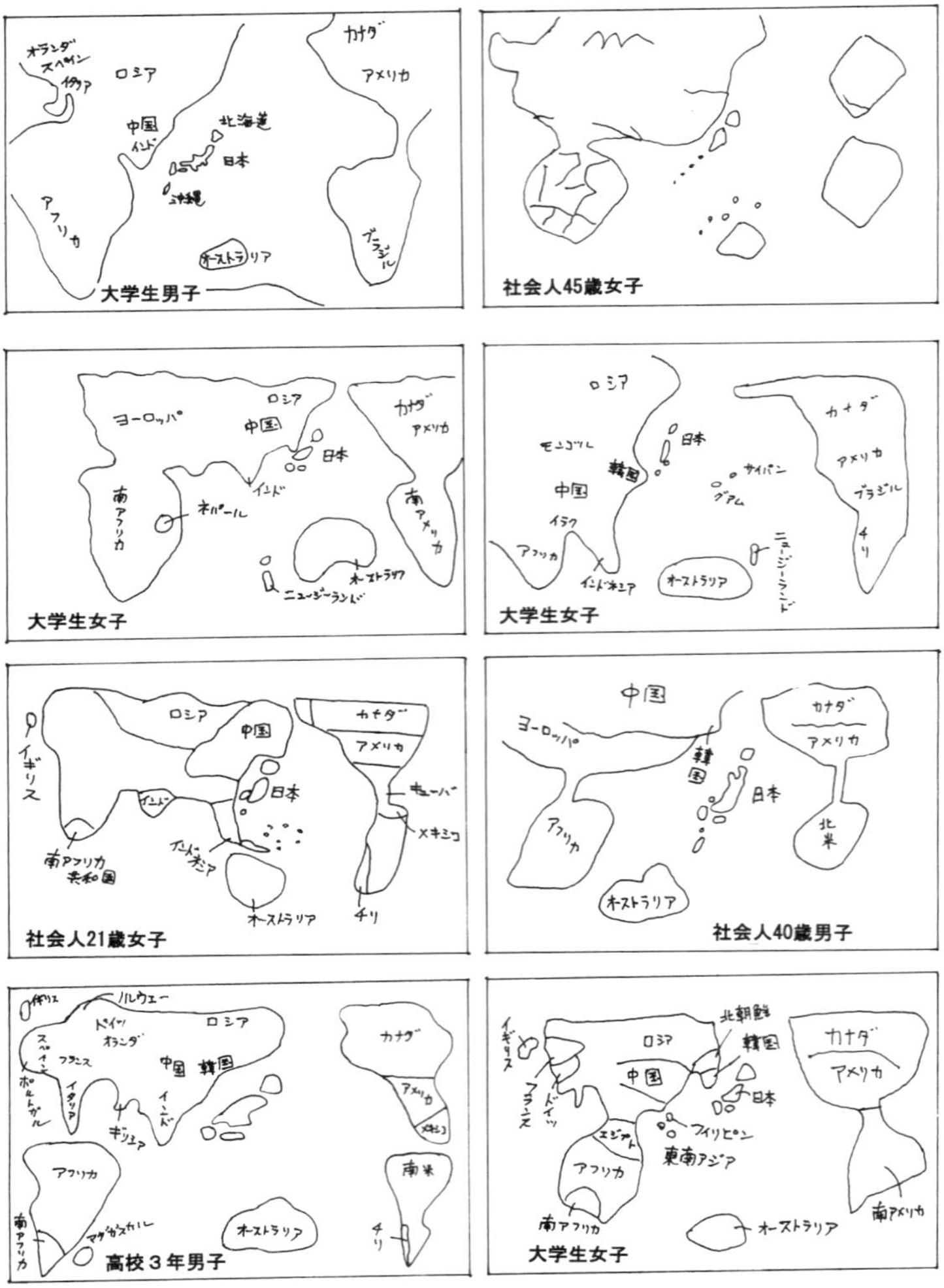

オランダ
スペイン
イタリア
ロシア
カナダ
アメリカ
中国
インド
北海道
日本
沖縄
アフリカ
オーストラリア
ブラジル
大学生男子
社会人45歳女子
ヨーロッパ
ロシア
中国
カナダ
アメリカ
日本
インド
南アフリカ
ネパール
南アメリカ
オーストラリア
ニュージーランド
大学生女子
ロシア
モンゴル
日本
韓国
中国
サイパン
グアム
カナダ
アメリカ
ブラジル
チリ
イラク
アフリカ
インドネシア
オーストラリア
ニュージーランド
大学生女子
ロシア
中国
カナダ
アメリカ
イギリス
日本
キューバ
メキシコ
南アフリカ共和国
インドネシア
オーストラリア
チリ
社会人21歳女子
中国
ヨーロッパ
カナダ
アメリカ
韓国
日本
アフリカ
北米
オーストラリア
社会人40歳男子
イギリス
ノルウェー
ドイツ
オランダ
ロシア
スペイン
フランス
中国
韓国
カナダ
ポルトガル
イタリア
インド
ギリシア
アメリカ
メキシコ
アフリカ
南米
南アフリカ
マダガスカル
オーストラリア
チリ
高校３年男子
イギリス
ロシア
北朝鮮
韓国
カナダ
アメリカ
フランス
ドイツ
中国
日本
フィリピン
エジプト
アフリカ
東南アジア
南アフリカ
オーストラリア
南アメリカ
大学生女子

中の世界地図」の例

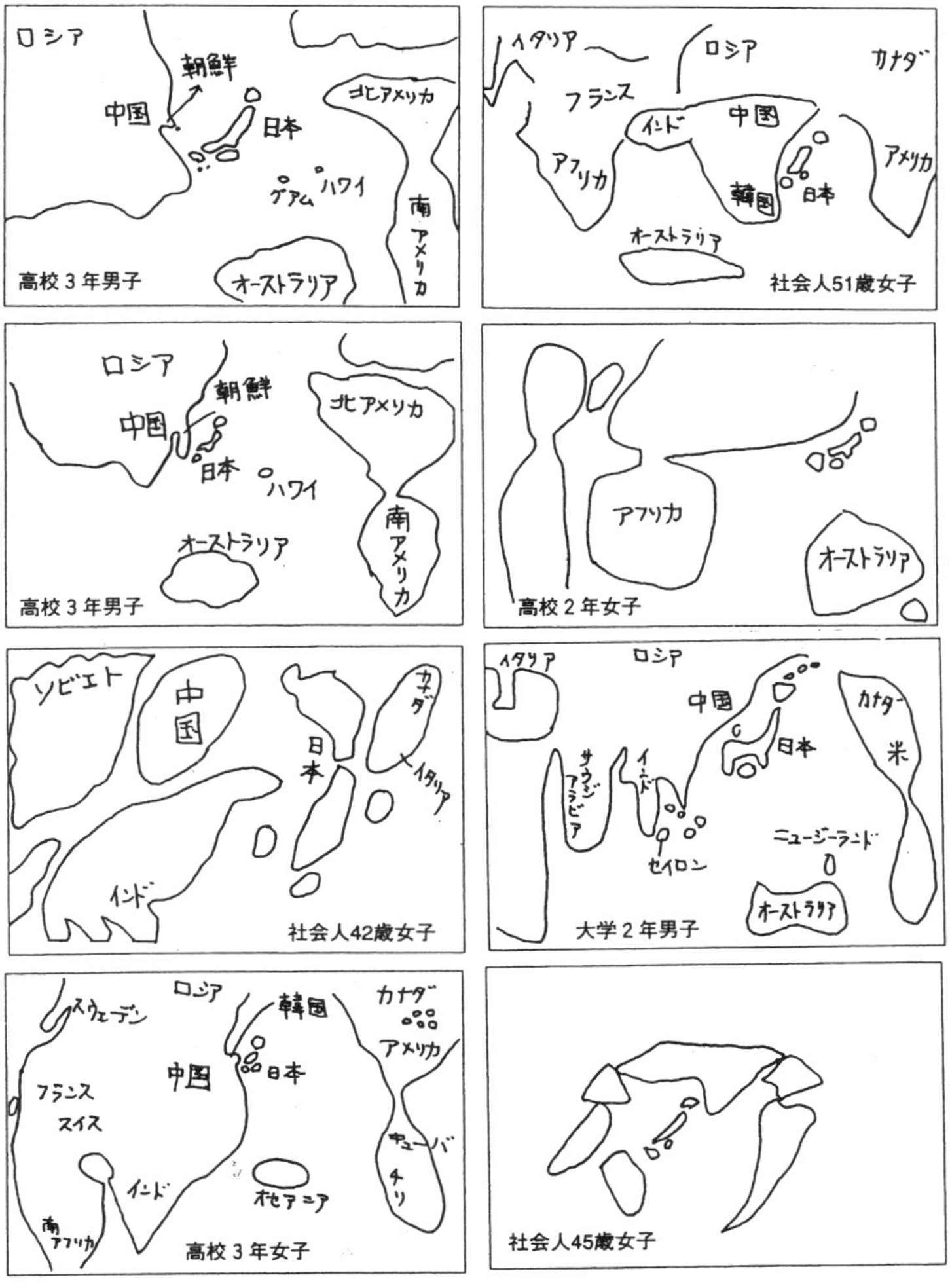
ロシア
朝鮮
中国
日本
北アメリカ
グアム
ハワイ
南アメリカ
オーストラリア
高校３年男子
イタリア
ロシア
カナダ
フランス
インド
中国
アメリカ
アフリカ
韓国
日本
オーストラリア
社会人51歳女子
ロシア
朝鮮
中国
北アメリカ
日本
ハワイ
南アメリカ
オーストラリア
高校３年男子
アフリカ
オーストラリア
高校２年女子
ソビエト
中国
カナダ
日本
イタリア
インド
社会人42歳女子
イタリア
ロシア
中国
カナダ
米
サウジアラビア
インド
日本
セイロン
ニュージーランド
オーストラリア
大学２年男子
スウェーデン
ロシア
韓国
カナダ
アメリカ
日本
中国
フランス
スイス
キューバ
インド
オセアニア
チリ
南アフリカ
高校３年女子
社会人45歳女子

図１—３　Ｃ段階の「頭の

大学生男子
北極大陸
ロシア
カナダ
アメリカ
イタリア
インド
タイ
インドネシア
オーストラリア
ブラジル
南アフリカ
ニュージーランド
南極大陸

高校２年女子
ロシア
イギリス
中国
日本
カナダ
北アメリカ
イタリア
インド
マレーシア
エジプト
サウジアラビア
インドネシア
オーストラリア
アフリカ
南アメリカ

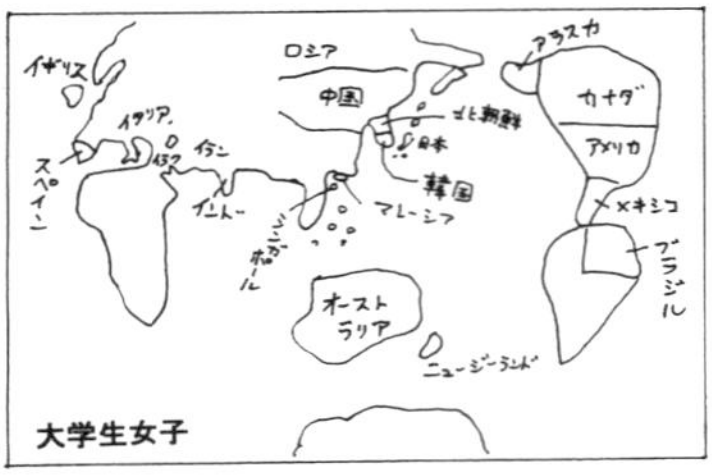
大学生女子
イギリス
ロシア
アラスカ
中国
北朝鮮
カナダ
イタリア
日本
アメリカ
スペイン
イラン
韓国
インド
マレーシア
メキシコ
シンガポール
ブラジル
オーストラリア
ニュージーランド

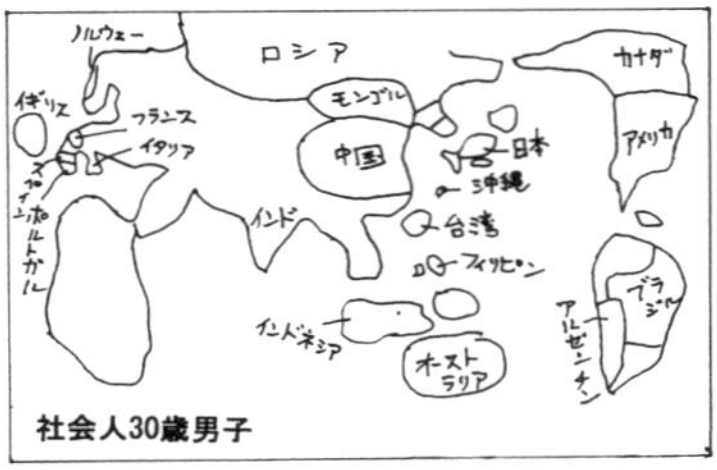
社会人30歳男子
ノルウェー
ロシア
カナダ
モンゴル
イギリス
フランス
日本
イタリア
中国
アメリカ
沖縄
スペイン
ポルトガル
インド
台湾
フィリピン
ブラジル
アルゼンチン
インドネシア
オーストラリア

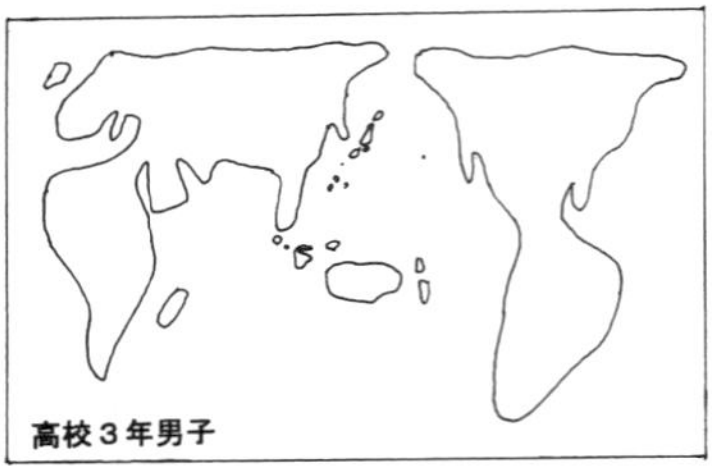
高校３年男子

大学生女子
北極
ロシア
グリーンランド
カナダ
中国
アメリカ
スペイン
インド
アフリカ大陸
オーストラリア

大学生女子
ロシア
ドイツ
中国
北朝鮮
カナダ
フランス
韓国
アメリカ
ポルトガル
イタリア
イラン
スペイン
インド
フィリピン
モロッコ
サウジアラビア
ブラジル
エチオピア
タイ
オーストラリア
アルゼンチン
ケニア
ニュージーランド
南アフリカ

高校２年男子
ロシア
カナダ
モンゴル
中国
アメリカ
NY
アフリカ
インド
フィリピン
南アメリカ
オーストラリア

中の世界地図」の例

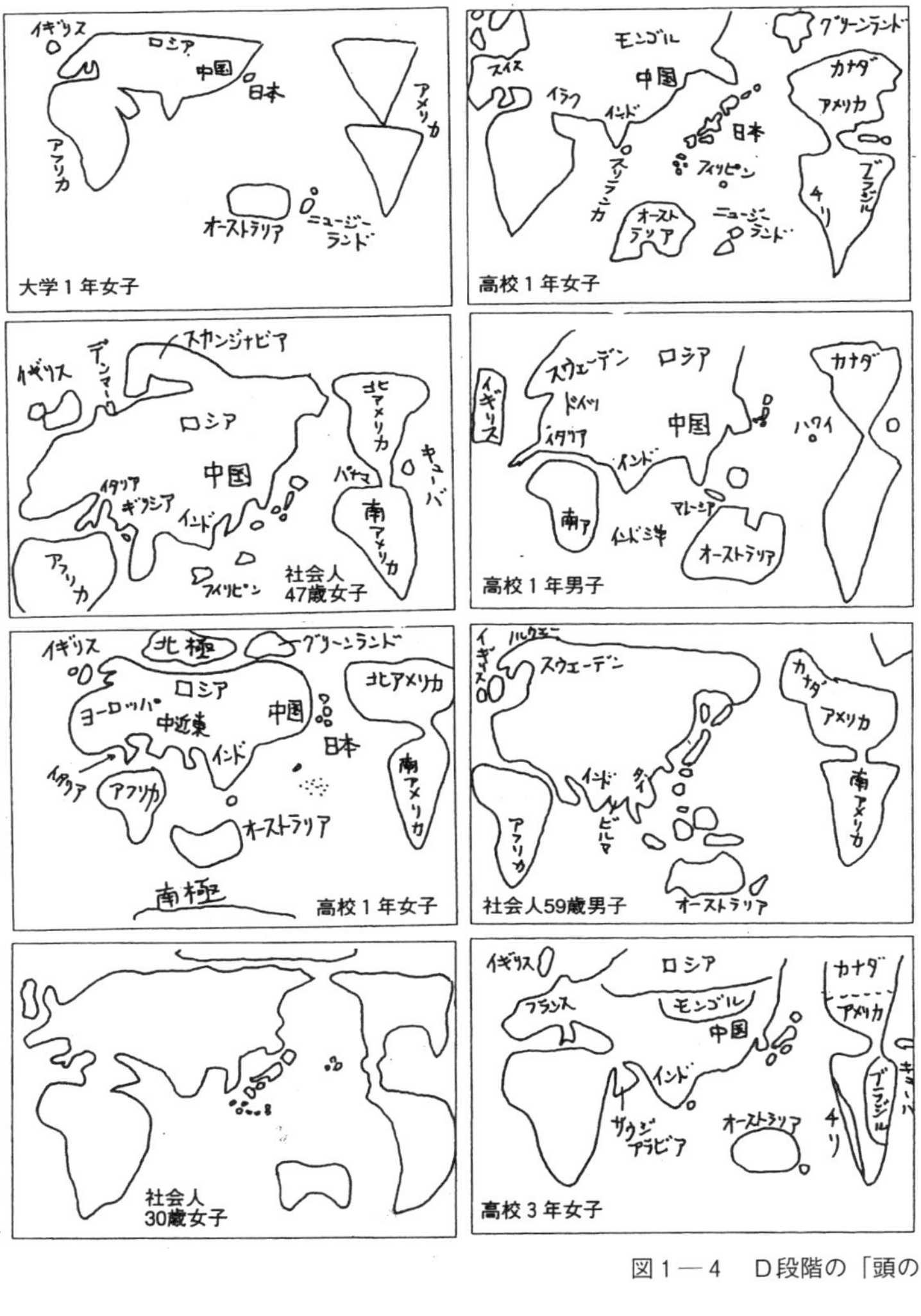
イギリス
ロシア
中国
日本
アフリカ
アメリカ
オーストラリア
ニュージーランド
大学1年女子
モンゴル
グリーンランド
スイス
中国
カナダ
イラク
インド
アメリカ
日本
フィリピン
スリランカ
ブラジル
オーストラリア
ニュージーランド
高校1年女子
スカンジナビア
デンマーク
イギリス
ロシア
北アメリカ
中国
キューバ
イタリア
ギリシア
インド
パナマ
南アメリカ
アフリカ
フィリピン
社会人
47歳女子
スウェーデン
ロシア
カナダ
イギリス
ドイツ
中国
ハワイ
イタリア
インド
マレーシア
南ア
オーストラリア
高校1年男子
北極
グリーンランド
イギリス
ロシア
北アメリカ
ヨーロッパ
中近東
中国
日本
インド
南アメリカ
イタリア
アフリカ
オーストラリア
南極
高校1年女子
スウェーデン
カナダ
アメリカ
インド
タイ
南アメリカ
アフリカ
ビルマ
社会人59歳男子
オーストラリア
社会人
30歳女子
イギリス
ロシア
カナダ
フランス
モンゴル
アメリカ
中国
キューバ
インド
ブラジル
サウジアラビア
オーストラリア
高校3年女子

図1―4　D段階の「頭の

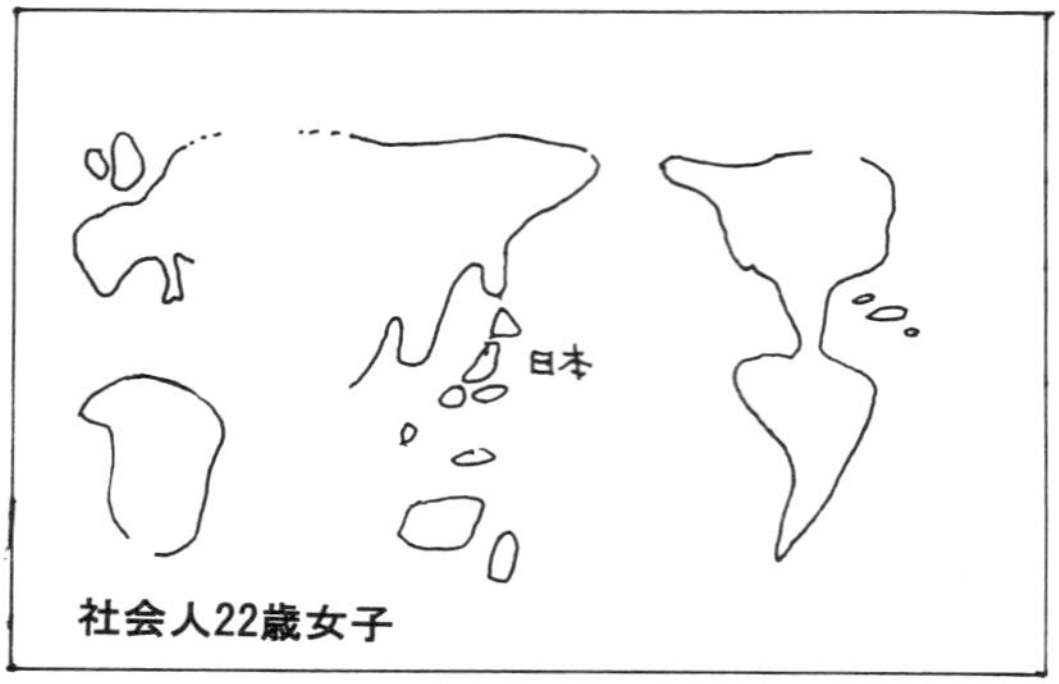

図1―5　典型的な日本人の「頭の中の世界地図」

（長ぐつ型）やイギリスが描けても、インドシナ半島やフィリピンがイメージに登場しないのである。

今日の日本社会では、一般にマスコミを含めさまざまな分野で、圧倒的に欧米地域に関わる情報が多く、興味や関心も高い。逆に東南アジアや、その他の第三世界（地域）に関する情報は少なくイメージが乏しい。私たちの「頭の中の世界地図」にもそれが反映され、遠い欧米の方が、近くの東南アジアより詳しく描かれることになる。これは日本人の世界観・世界地図認識の特徴であるといえる。

●外国人（留学生）の世界地図

それでは外国人の場合はどうなるのだろうか。海外からの留学生に同じ方法で描いてもらい、検討してみた（図1―6）。調査事例が少なく断定できないが、外国人の場合も日本人と同じように自分の国（出身国）を中央に描く傾向がみられた。また自国とその近辺が詳しいのに対して、遠ざかるほど自信のない線になる。

このことから、その人が「幼い時からどのような地図にどれだけ接してきたか」という経歴が、各人の「頭の中の世界地図」を決定する要因になると考えられる。それぞれの生まれ育った国や地域で「違い」がみられることがわかる。

●地図離れの現状

地理学習は「地図に始まり地図に終わる」といわれてきた。しかし近年学校の教育現場では地理教育の低迷・衰退が問題となっている。地理教育の目標は「地理的な見方や考え方」をめざしてきた。すなわち「地図」にふれる機会がなくなったために、「世界地図認識」が形成されずに大人になった人が増えている。いうまでもなくこの原因は、近年わが国で地理教育が軽視されてきた結果である。

高校・大学と約四半世紀にわたる、私自身の学校教育現場での体験からも、このことは年度を追うにつれ、深刻化している。小学校低学年における生活科の登場＝社会科（名称）の消滅、小学校高学年・中学校における社会科教科書からの、体系だった世界地誌記述の消滅は、子どもたちの海外への視野や地図に接する機会を急速に減少させた（第2章：表2―2参照）。

小学四〜六年生の四割が「天動説」を信じ、地球が丸い（平板でない）ことや、「自転」していることを理解できていない、という調査もある（『読売新聞』二〇〇四年四月一二日付）。

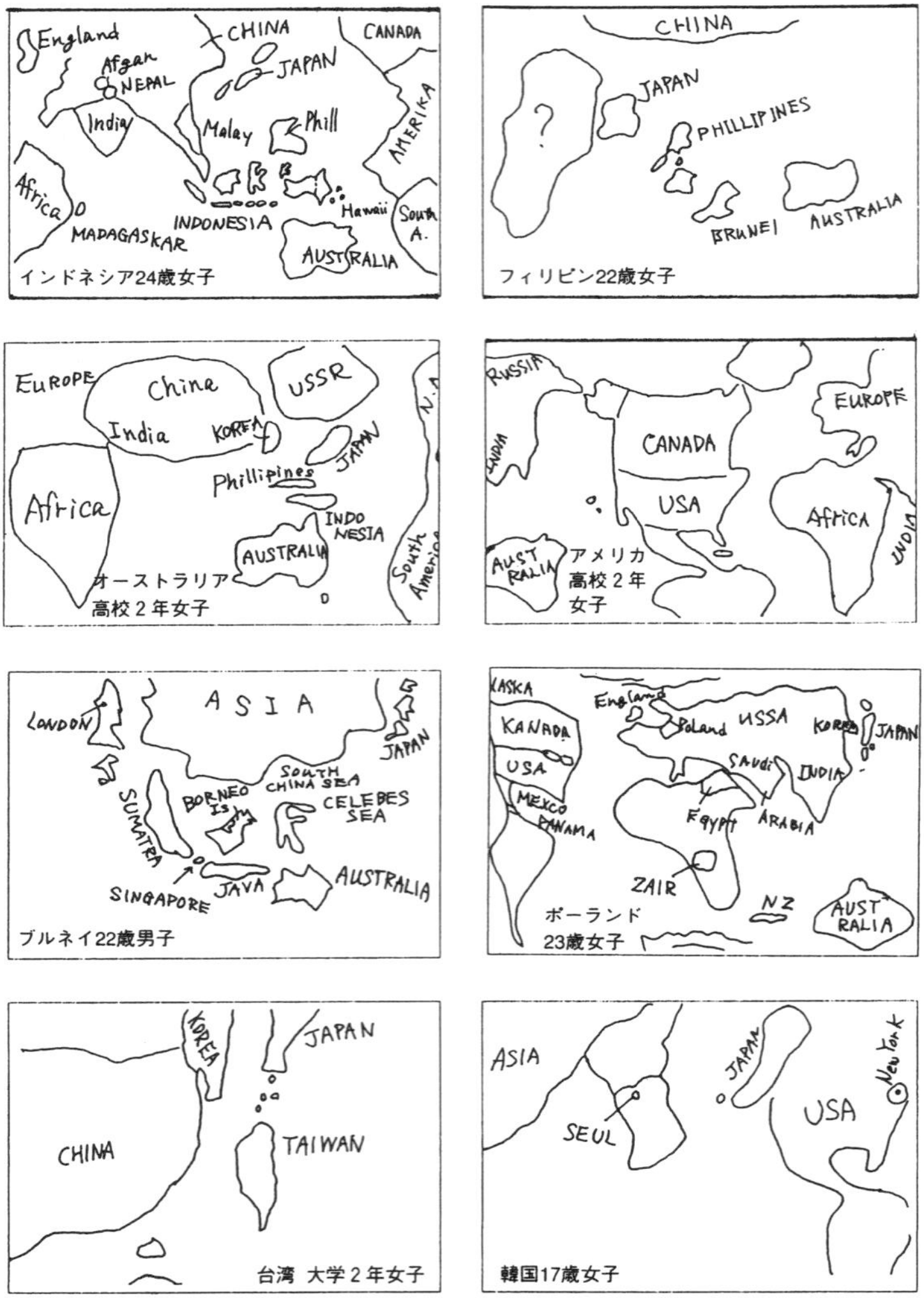

図１―６　外国人（留学生）の「頭の中の世界地図」

高校では現代社会の登場（一九八二年四月）で、地理は必修科目から選択科目へ格下げになった。さらに社会科解体＝地理歴史科の新設（一九九四年四月）で世界史のみが必修となり、地理の受講生は著しく減少傾向にある。この結果高校三年間で地理を学ばず、地球儀や地図帳に一度もふれることなく卒業するケースが一般的となっている。

高校での地理の必修科目から選択科目への「格下げ」は、教員採用にも大きく影響してきた。これ以降わが国では、教員採用試験において「単独地理」教員採用の窓口が消滅した。この結果「大学で地理を専攻していない社会科教員」が増え、「教師の地図離れ」が多くみられるようになった。地図・地図帳を使った授業のできない地理分野が「苦手」な社会科教員が増えている。

大学での私の経験でも、教育学部社会科教員養成コースの入学生で、高校時代に「地理」を選択受講した学生の割合は三分の一以下である。彼らは卒業後、小・中・高校の社会科教員になるが、自らは高校時代に地理を学ばなかったのである。さらに二〇〇六年末に発覚した「高校世界史未履修問題」は、高校教育における「地理学習機会縮小の問題点」を浮き彫りにした（西岡 二〇〇八）。このように「国際化」する社会に逆行しているのが、日本における地理教育の現状なのである。

2　追跡調査にみる「頭の中の世界地図」の変化

●まずは「習う」より「慣れる」

ではどうすれば、このような「頭の中の世界地図」は、変化（改善）するのだろうか。答えは簡単である。意識的に世界地図に接する回数を増やせばよいのである。図1―7は高校入学時（一年生四月）から二年生修了三学期まで、約二年間にわたり追跡調査したものである。対象は一年で現代社会（必修）、二年で地理Ａ（選択）の受講生である。

私の勤務校（一九九五年当時）では、一年生において現代社会の授業（必修）を受ける。現代社会にも一部に世界地図に接する内容（世界の文化）がある。しかしこれらは限られている。そこで一年生全員に、通常は地理を選択した際に購入する地図帳を、現代社会でも購入してもらい、さまざまな機会をとらえ世界地図に親しませる努力をした。具体的には授業の開始時に、海外のニュースが発生した場所を必ず地図で確認させる作業をした。なぜなら一年生の段階で地図帳に親しむことが、二・三年生で習うことになる世界史や日本史、政治経済や地理の理解に大きく影響するからである。

図1―7をみれば、一年目と比較して二年目の一年間の方が大きく変化しているのが読み取れ

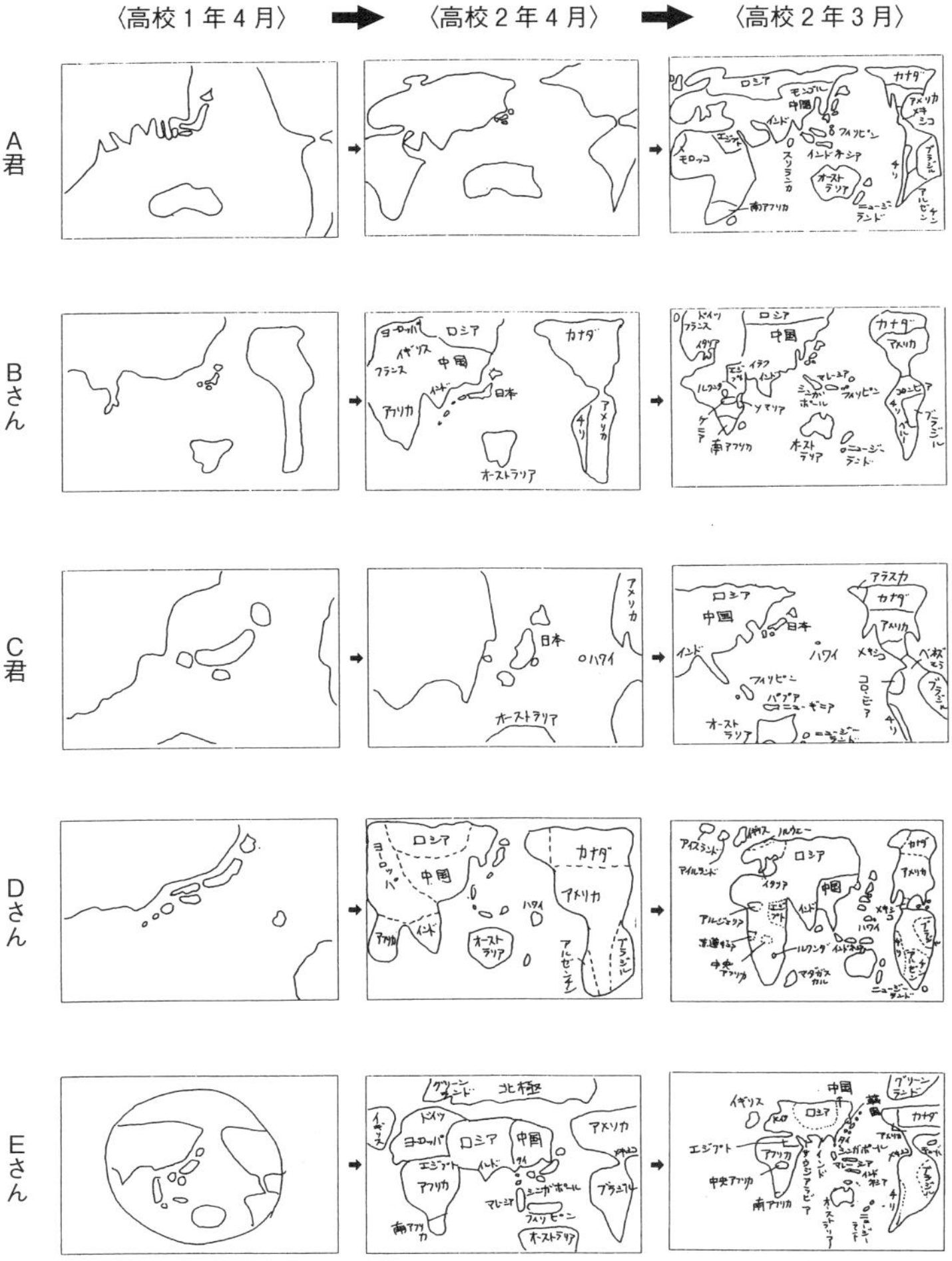

図１—７　追跡調査にみる「頭の中の世界地図」変化

る。この理由は、現代社会（一学年で学習）より地理（二学年で学習）の方が、世界地図に接する機会が多かったからだといえる。どの生徒も世界地図に描く地名や国名が飛躍的に増えている。

また変化の結果を詳細にみていくことにより、各個人についての世界認識の地域単位での盲点・弱点が明らかになる。これをもとに各自の課題を指摘し、適切なアドバイスを行えばよりバランスのとれた世界認識を育てていけるのである。

これらの生徒の反応は大変良好で、「ニュースに登場する地名がわかった」「外国の出来事に関心を持つようになった」などがみられた。中には「テレビの横に地図帳を置いて、知らない地名が出てきたら調べるようになった」という、大変うれしい感想を聞かせてくれる者もいる。

すなわち、頭の中に正しい世界観＝空間認識を描けることは「新しい発見」であり「楽しい」ことなのである。地球規模に視点を広げ、空間的に広い視野とともに社会現象を考察できる力は、将来の「国際人」「教養人」として大切な資質になる。そしてこれこそが地理教育の目標である「地理的なものの見方・考え方」なのである。

●英単語よりも世界地図を

近年は国際理解教育が重要視され、小学校でも英語授業がスタートしている。しかし「外国語＝英語」だけでいいのだろうか。私は「国際理解はまず世界地図から」を主張したい。英単語を一〇〇〇語覚えるのも大切かもしれないが、世界の約一九〇か国の名称と位置をマスターする方が、はるかに実用的であり重要だと考えるからである。国際化時代には「読み」「書き」「計算」と並んで「世界地図で考える力」も基礎学力であり、最低限必要な教養＝「生きる力」（国際人としての素養・教養）だと私は考えている。

教員は、機会あるごとに世界地図を用いる工夫を、意識的に実行すべきである。そして小・中・高校の各教室に、一枚でよいから世界地図が貼られる予算措置を行政に要求したい。さらに長期的には、小中学校での世界全体をとらえた世界地誌の復活（第3章参照）と、高校での地理を選択科目から必修科目に戻すことが必要である。

●「イラクってどこ!?」

日本地理学会地理教育専門委員会が「大学生・高校生へのアンケート」を実施した。データでは、「イラクの位置がわからない大学生が四四％」という衝撃的な結果が報告された（図1―8、二〇〇五年二月二三日付、新聞各紙）。しかしある意味ではこれは当然であり、予測されたことである。

今回の調査は、これまで述べてきた「頭の中の世界地図」および、小中高における「地理教育の軽視」と密接な関係がある。

図１—８　2005年２月23日の新聞各社記事より
（読売・朝日・毎日・産経・沖縄タイムス・琉球新報など）

イラクは、自衛隊が派遣された、日本の歴史上重要な意味を持つ国（地方・場所）である。無関心でいること自体考えられないことだが、その場所が認識できない人にとって、出来事やニュースへの興味・関心は激減するのである。第一自分たちの払った税金が、なぜこのように使われているのか、なぜイラクがそれほど重要なのか、を考えることで「国際社会に通用する人」になるのである。

なるほど日本は豊かになった。しかし「日本人が国際社会からも尊敬される」ためには「地理的なものの見方・考え方」が不可欠なのである。そのためには地理教育がもっと重視されるべきである。

シルエットクイズ①国名

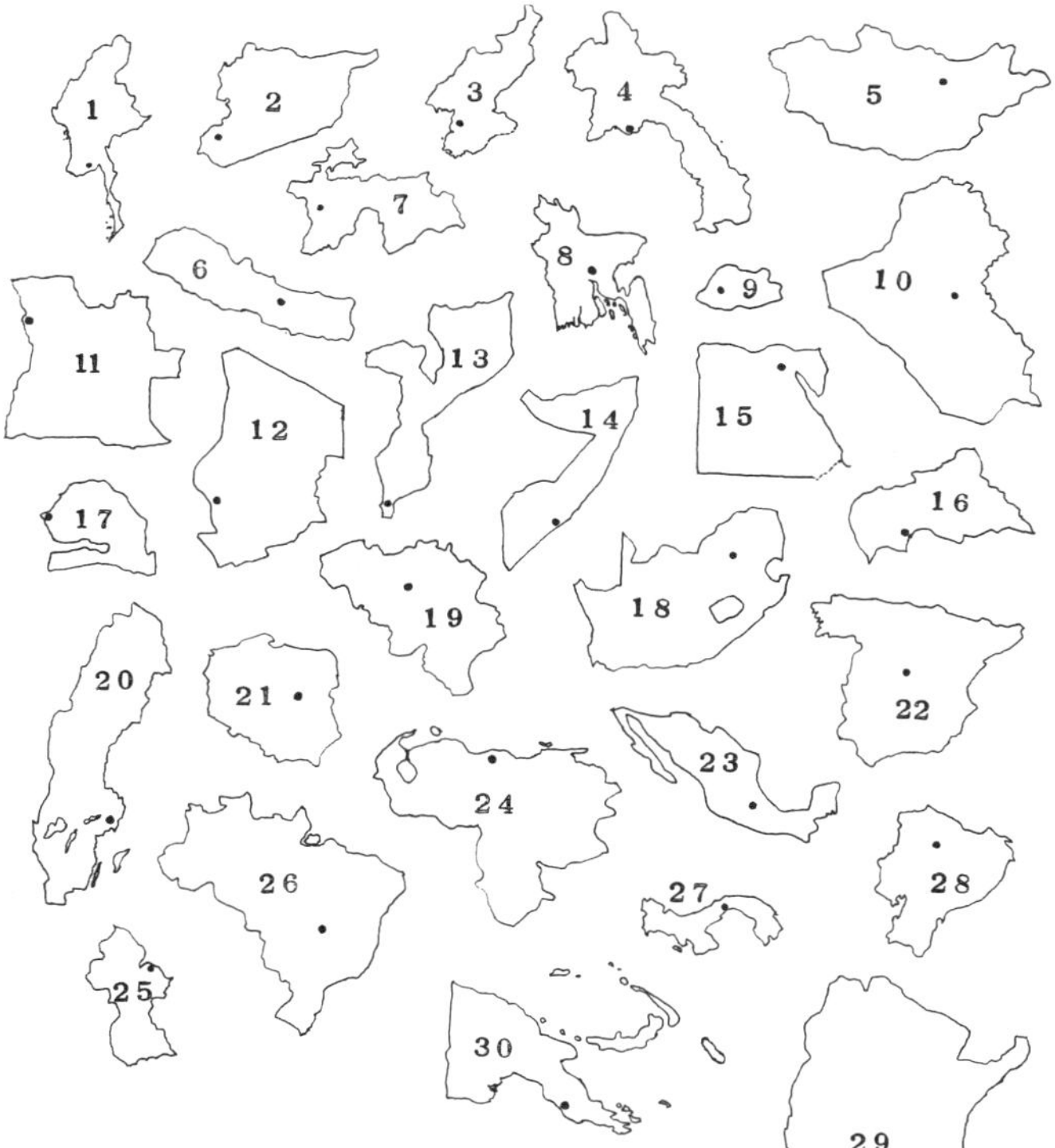

世界には約190の国家があります。この30か国はどこでしょう？　方位はほぼ上が北ですが、図法・縮尺は一定ではありません。●は首都または主な都市の位置です。ふだんからよく地図を見ている人にとっては簡単に分かるでしょう。

ヒント：１～10はアジア、11～18はアフリカ、19～22はヨーロッパ、23～29は南北アメリカ、30はオセアニアの国です。

2　世界のどこを教えてきたか

1　世界地誌教科書の変化

●地域記載分量をみる

わが国で本格的な世界地誌の出版物が確認できるのは、江戸時代後半からである。ここでは、江戸時代後期から現代までに出版された世界地誌書の中から、初等教育段階（尋常小学校・国民学校・小学校）の地理教科書を中心に、二二種類を選び（表2—1）その地域別記載分量を検討することにする。これにより、日本の世界地誌が、世界のどこを教えてきたのかを明らかにしたい。

表2—2は前述の世界地誌書（①〜④教科書以前、⑤〜㉒小学校教科書）を、それぞれの、地

表２―１　検討資料（①～④教科書以前の世界地誌、⑤～㉒教科書）

①新井白石（1713）『采覧異言』
②箕作省吾（1845）『坤輿図識』（『同補』を含む全７冊）
③福澤諭吉（1869）『世界國尽』慶応義塾蔵版
④内田正雄他著（1870～78）『輿地誌略』大学南校版和装本
⑤師範学校編輯（1874）『萬国地誌略』文部省刊
⑥学海指針社著（1894）『萬国地理初歩全』学海指針社
⑦普及舎編輯所編（1899）『小学地理巻二・巻三』普及舎
⑧文部省（1910）『児童用尋常小学地理巻二』日本書籍
⑨文部省（1918）『児童用尋常小学地理書巻二』東京書籍
⑩文部省（1936）『尋常小学地理書巻二』東京書籍
⑪文部省（1939）『尋常小学地理書巻二』東京書籍
⑫文部省（1943～44）『初等科地理上・下』東京書籍
⑬文部省（1946）『初等科地理下・第六学年用』東京書籍
⑭海後宗臣編（1951）『新しい社会科・六年下』東京書籍
⑮海後宗臣他編（1961）『新しい社会６下』東京書籍
⑯海後宗臣他編（1965）『新編新しい社会６下』東京書籍
⑰海後宗臣他編（1971）『新しい社会６下』東京書籍
⑱海後宗臣他編（1980）『新しい社会６下』東京書籍
⑲宇沢弘文他編（1996）『新編新しい社会６下』東京書籍
⑳岩田一彦他編（2000）『新訂新しい社会６下』東京書籍
㉑佐々木毅他編（2002）『新しい社会６下』東京書籍
㉒佐々木毅他編（2005）『新しい社会６下』東京書籍

備考：１、⑭以降の（　）内は、使用開始年。

２、記載分量（字数）の検討に際しては、次の復刻版で「活字」に再版されたものを用いた。①については新井白石著・大槻文彦校（1891）『采覧異言』白石社、②については半谷二郎編著（1991）『箕作省吾』旺史社、③と⑤～⑪については海後宗臣編（1965）『日本教科書体系近代編』15～16巻地理（一）（二）講談社によった。

３、⑭～㉒の教科書については、東京書籍発行版のみを検討した。

表２―２　世界地誌教科書類の地域別記載分量（字数）の比較（カッコ内は％）

検討した世界地誌教科書類	アジア	アフリカ	欧・旧ソ	北米	中南米	オセアニア	両極	総字数
①『采覧異言』（1713年）	13200 (49.6)	1584 (5.9)	7392 (27.7)	2376 (8.9)	2112 (7.9)	0 (0.0)	0 (0.0)	26664
②『坤輿図識』（1845年）	22344 (32.8)	8820 (12.9)	13524 (19.8)	11172 (16.3)	5292 (7.8)	7056 (10.4)	0 (0.0)	68208
③『世界國尽』（1869年）	4862 (15.4)	3978 (12.6)	9776 (31.0)	5590 (17.7)	5092 (16.1)	2262 (7.2)	0 (0.0)	31564
④『輿地誌略』（1870～78年）	78346 (15.3)	81224 (15.8)	183040 (35.7)	56628 (11.1)	84084 (16.4)	27456 (5.4)	1716 (0.3)	512512
⑤『萬国地誌略』（1874年）	10140 (19.4)	7228 (13.9)	17160 (32.9)	6162 (11.8)	7228 (13.9)	4328 (8.1)	0 (0.0)	52156
⑥『萬国地理初歩全』（1894年）	20592 (26.9)	9152 (11.9)	24024 (31.3)	7722 (10.1)	9438 (12.3)	5720 (7.5)	0 (0.0)	76648
⑦『小学地理巻二・巻三』（1899年）	9360 (46.9)	910 (4.6)	6396 (31.7)	1768 (8.9)	520 (2.6)	1066 (5.3)	0 (0.0)	19942
⑧『児童用尋常小学地理巻二』（1910年）	6200 (73.1)	175 (2.1)	1100 (13.0)	475 (5.6)	375 (4.4)	150 (1.8)	0 (0.0)	8475
⑨『児童用尋常小学地理書巻二』（1918年）	14450 (62.6)	1025 (4.4)	3000 (13.0)	2100 (9.1)	1200 (5.2)	1325 (5.7)	0 (0.0)	23100
⑩『尋常小学地理書巻二』（1936年）	21525 (58.6)	1525 (4.2)	6350 (17.3)	3450 (9.4)	2500 (6.8)	1350 (3.7)	0 (0.0)	36700
⑪『尋常小学地理書巻二』（1939年）	23425 (59.5)	1525 (3.9)	6250 (15.9)	3350 (8.5)	2500 (6.4)	2300 (5.8)	0 (0.0)	39350
⑫『初等科地理上・下』（1943～44年）	43750 (85.7)	0 (0.0)	0 (0.0)	0 (0.0)	0 (0.0)	7325 (14.3)	0 (0.0)	51075
⑬『初等科地理下・第六学年用』（1946年）	22450 (57.1)	1632 (4.2)	4584 (11.7)	4560 (11.6)	3120 (7.9)	2952 (7.5)	0 (0.0)	39298
⑭『新しい社会科・六年下』（1951年）	地域別記載なし。 ・国々の親善、世界と日本、アメリカの生活 ・日本と関係の深い国々、赤十字・ユニセフの活動など							＊
⑮『新しい社会６年』（1961年）	地域別記載なし。 ・世界の動きと日本・たちあがる日本など、公民的な分野からの記述となる。							＊
⑯『新編新しい社会６下』（1965年）	7410 (36.5)	1950 (9.6)	5850 (28.9)	2340 (11.5)	1560 (7.7)	780 (3.9)	390 (1.9)	20280
⑰『新しい社会６下』（1971年）	地域別記載なし。気候区ごとの記載にかわる。							＊

⑱『新しい社会６下』（1980年）	地域別記載なし。歴史的分野の内容となる。ただし「世界の中の日本」の項目に、トピックとして地図と地球儀の説明が４ページある。	＊
⑲『新編新しい社会６下』（1996年）	地域別記載なし。「世界の中の日本」１、日本と関係の深い国々、アメリカ合衆国・中国・サウジアラビアの３か国のみの記述。	＊
⑳『新訂新しい社会６下』（2000年）	地域別記載なし。「世界の中の日本」１、日本と関係の深い国々、アメリカ合衆国・中国・韓国・サウジアラビアの４か国のみの記述。	＊
㉑『新しい社会６下』（2001年）	地域別記載なし。「世界の中の日本」１、日本と関係の深い国々、アメリカ合衆国・中国・韓国・ブラジルの４か国のみの記述。	＊
㉒『新しい社会６下』（2005年）	地域別記載なし。「世界の中の日本」１、日本と関係の深い国々、アメリカ合衆国・中国・韓国・サウジアラビアの４か国のみの記述。	＊

備考：１、＊は地域別記載がないため、総字数を求めていない。
２、⑭以降の（　）の年号は、使用開始年。検定済年ではない。
３、旧ソ連地域はアジアから除きヨーロッパに含む、北米はアングロアメリカを、中南米はメキシコ以南のラテンアメリカを意味する。
４、字数は１行の字数をもとにページ数、行数から計算によって求めたものである。字数には挿し絵・図表も含む。総字数とは世界地誌に関する字数を意味する。
５、アジアには日本（現在の日本）の範囲の記載は含まれない。

域別記載量を字数（計算から求めた）で示したものである。また図2―1は表2―2の数値をグラフ化したものである。地域別の記載分量（字数）を検討することで、その時代の世界（地誌）への興味・関心が、どの地域に向けられていたかがわかる。

2　江戸時代の世界観

●新井白石とイタリア人シドチの出会い

①は江戸時代の世界地理書である。[1] この①②に代表される江戸時代後半の一八～一九世紀前半までの地理書には、いずれもそれまでの東洋的な世界像（中国と天竺に代表される世界認識）に、ヨーロッパから輸入された知識が加わり、生まれたものであ

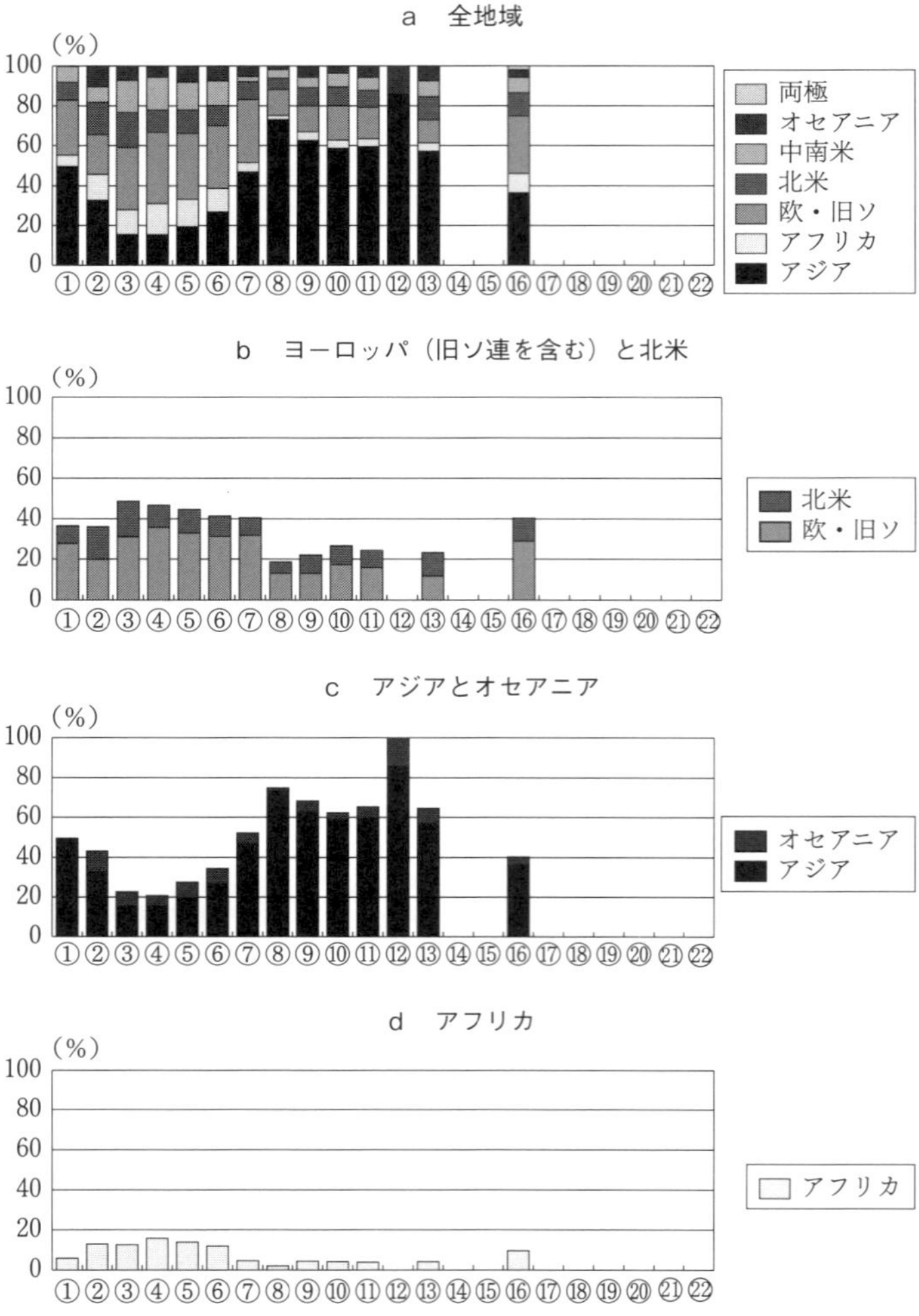

図２—１　地域別記載分量の変化（%）

備考：⑭⑮⑰～㉒は地域別の記載がないため空欄とした。（表２—２と対応）

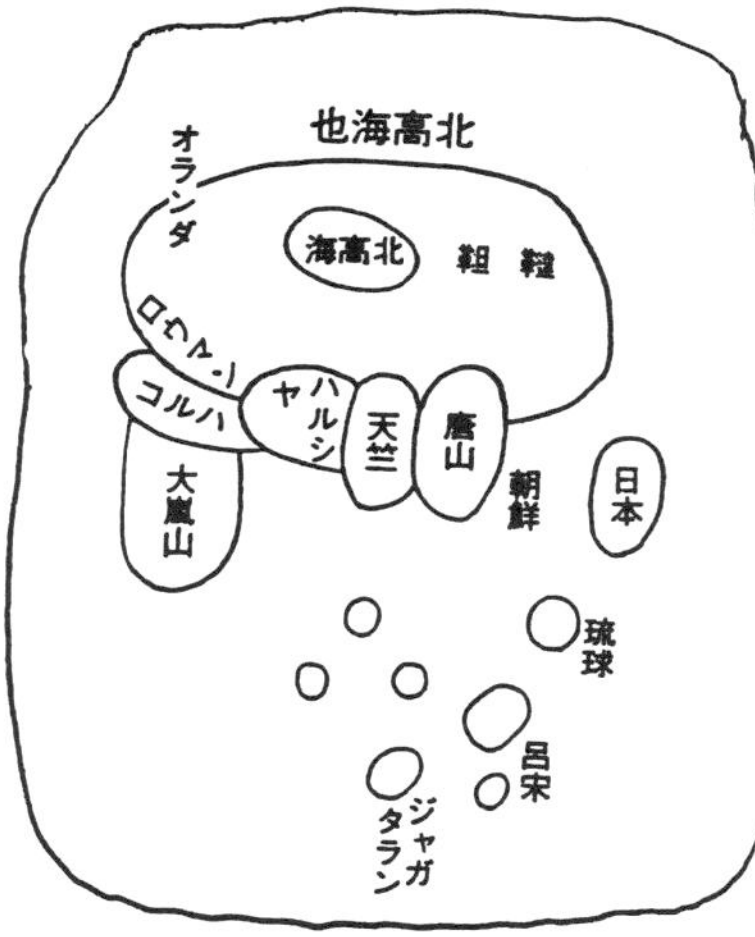

図2―2　1708年シドチに会う以前の新井白石の世界像
出典：辻田右左男（1971）『日本近世の地理学』p.72

る。また鎖国時代の海外への純粋な探求心の現れでもある。

①の『采覧《さいらん》異言《いげん》』（一七一三年）は、儒学者で政治家であった新井白石（一六五七〜一七二五年）が、ヨハン＝シドチ（シロウテ）より、聞き取った情報を、それまでの彼自身の世界像と重ねて、著したものである。シドチは一七〇八年屋久島に上陸し捕縛されたイタリア人宣教師である。

シドチに出会うまでの白石の世界像は、図2―2であり、アジアが世界の大部分を占めていた。図中の「呂宋」「ジャガタラン」「ハルシア」「コルハ」「ロウマン」は、それぞれ「ルソン島」「ジャワ島」「ペルシア」「コルドバ」「ローマ」に相当すると考えられる。日本人の世界認識は、当時の一流学者ですらこのようなものであった。

したがって①の内容は、当時の日本人の持つ世界観と、イタリア人宣教師の持つ世界知識が結合したものといえる（辻田 一九七一、七一～八〇頁）。

表2―2によって記載された地域の割合をみれば、『采覧異言』（一七一三年）ではアジア四九・六％、ヨーロッパ・旧ソ連二七・七％の二地域が特出している。ただしオセアニアに関する記事はゼロである。ちなみに、タスマン（一六〇三～五九）やクック（一七二八～七九）が行った調査航海の結果、オセアニア地域が広く一般に知られるのは一八世紀後半である。この段階で、シドチはまだオセアニアを認識していなかったのである。記載の順序も第一章がヨーロッパ、第二章にアフリカ、第三にアジアが来ていて、シドチが日本へ来航したルートに沿って、詳しく記載していこうという方針がみられる。

第一章のヨーロッパではシドチ自身の出身国、意大里亞《いたりあ》が最初に登場し、とりわけローマとキリスト教に関する記述が詳しい。またこの本は一八八一（明治一四）年に復刻（再出版）されていることでわかるように、明治になってもその価値は低下することなく、新鮮な輝きを持って人々に迎えられたのである。

●箕作省吾『坤輿図識』と吉田松陰

②の『坤輿図識《こんよずしき》』（一八四五年）は蘭学者箕作省吾《みつくりしょうご》（一八二一～四六年）が、自らの知識を駆使して著したものである。日本の蘭学が最高潮に達していた時期に、国内で入手可能な蘭書二三冊を

箕作省吾『坤輿図識』（1845年）と『坤輿図識補』（1846年）
出典：川村博忠（2003）『近世日本の世界像』ぺりかん社，p.209

もとに執筆された[2]。鎖国時代の当時としては可能な限りの情報を網羅して書かれた世界地誌である。

これは日本人として初めての、単なる翻訳でない良心的な地誌、しかも六大州完備の世界地理が出現したことになり、地理学史上画期的なことである（辻田 一九七一、一八八～一九〇頁）。なおこの『坤輿図識』は、吉田松陰の第一の愛読書であり、松下村塾で世界地理テキストとして用いられたことがよく知られている[3]。この本は、日本社会に、迫り来る欧米列強の侵略を跳ね返す「意識変革」をもたらした。すなわち、当時の日本人の意識を、「藩」から「国家」へと大きく転換したのである。この結果、薩長同盟が成立し倒幕から明治へと時代は変化し、植民地への危機は回避できたのである。

●アジアの文化を尊重した記述

明治以降の慣例になった、各大陸別記載の順序（アジア→ヨーロッパ→アフリカ→南北アメリカ→オセアニア）は、こ

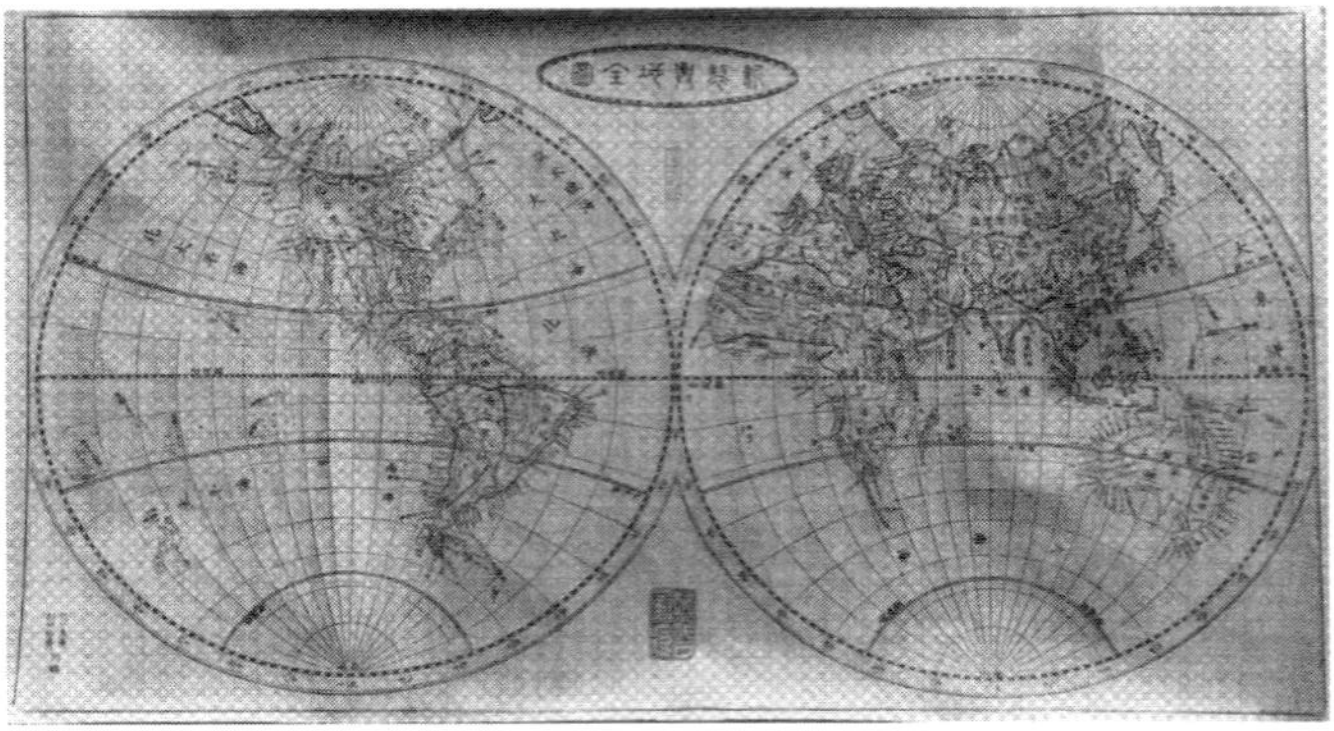

箕作省吾『新製輿地全図』（1844年）、岡山大学附属図書館蔵
出典：川村博忠（2003）『近世日本の世界像』ぺりかん社，p.212

の書物によってその原型が作られた（辻田 一九七一、一八九頁）。記載順では、ヨーロッパからはじまる①の『采覧異言』とは異なり、②の『坤輿図識』では、アジアがトップに来ている。

また『坤輿図識』の記述には、「……漢土、坤輿中ノ巨邦ナリ、分テ二府十八省トス、其帝都ヲ北京と云、天下無二ノ大府タリ、人口三百万、名誉ノ蘭頓（ロンドン）＝英吉利（イギリス）＝都府ノ名＝ノ如キモ、此ニ較スレバ、猶四ト六如シ、其管轄スル数国ヲ合スレバ、広サ欧（ヨーロッパ）全州ニ勝レリ、古昔歴山王（アレキサンダー大王）隆盛ナルモ、猶及ブベカラズ、……」（半谷 一九九一、四二頁）とある。北京とロンドンの対比、漢土（中国）をヨーロッパ全体と比較しながら、その偉大さを賞賛している。

少なくともこの時代の日本人の意識には、蘭学を通してふれた西洋文化を尊重するのと同等に、とりわけこの「漢土」に代表されるような、アジアの国々や文化も従来通り尊重していたのである。少なくとも、第三世界を「見下げる」ような世界認識はこの時点ではまだ存在しなかった。

また②ではアジア三二・八％の他、アフリカ一二・九％・北アメリカ一六・三％・南アメリカ七・八％・オセアニア一〇・四％にも多くのページを使用し、ここには箕作省吾のバランスのとれた世界地誌をめざす姿勢がみられる。しかし明治に入るとこのような「バランスのとれた世界認識」は、大きく崩れてしまう。

すなわち、日本政府の「国家政策」の影響を大きく受けながら、「教えられる地域」は変化していくことになる。

3　『世界國尽』と『輿地誌略』

●福澤諭吉『世界國尽』

③福澤諭吉『世界國尽《くにづくし》』(4)（一八六九年）および、④内田正雄ほか『輿地誌略《よちしりやく》』(5)（一八七〇～七八年）の二つは、ともに幕末に日本から海外（福澤は欧米に外交使節として派遣、内田はオランダに留学）に出た両者の体験が生かされている。

いずれも社会一般大衆への啓蒙を目的に書かれたものだが、世界地誌書の少なかった明治初期

表2—3　『世界國尽』『輿地誌略』にみる「文明化」のランク

『世界國尽』		
蛮野	渾沌	アフリカ内地・ ニューギニア・オーストラリアの土人
	蛮野	中国北方・韃靼・ アラビア・北アフリカの土民
文明開化	未開または半開	中国・トルコ・ペルシアなど
	文明開化	アメリカ合衆国・イギリス・フランス ドイツ・オランダ・スイスなど

『輿地誌略』	
蛮夷	オーストラリア・南米の土人・ 北極地方・北米の土民
未開の民	アラビア・シベリア・アフガニスタン・ 韃靼・アジア内地・アフリカ・南洋諸島の 土民・前印度（シャム・安南・ビルマ）
半開の民	中国・ペルシア・トルコなど
文明開化の民	西洋諸国・アメリカ合衆国

出典：西岡（1997, p.39）に加筆修正。

には、両書とも広く教科書としても使用され、当時の日本人の世界認識形成に大きく貢献したといえる(6)。

③『世界國尽』では、「文明化（西洋文明化）」のレベルによって国家のランク付けが行われている。表2—3のように、福澤はまず「蛮野《ばんや》」と「文明開化」の二つに大別し、さらに蛮野を「混沌《こんとん》」と「蛮野」、文明開化を「未開または半開」と「文明開化」に分けている。つまり文明化の段階を四段階に分類している。この視点は、これ以前のわが国の世界地誌書にはみられなかった新しい世界認識である（福澤 一八七〇、一四～一七頁）。ちなみに日本は『世界國

尽』では、どの段階に入るか書かれていないが、福澤は「半開」に位置づけていたと考えられる（佐藤 一九九四、七頁）。

●内田正雄『輿地誌略』

同様に④『輿地誌略《よちしりゃく》』にも「衣食の需用及び開化の等級」のところで、「蛮夷《ばんい》」、「未開の民」、「半開の民」、「文明開化の民」と四つのランク（表2―3）に、世界の民族・地域を等級付けている[7]。

日本は欧米列強の圧力に屈する形で開国された。また一八四〇年アヘン戦争（清国）、一八五七年セポイの反乱（ムガール帝国）と、これまでアジア諸国のリーダー的存在であった中国・インドの両大国が西欧文明に屈服することを日本の指導者たちは目の当たりにした。その結果アジア諸国（いいかえれば非西洋文明）の力の限界を感じ、「自信の喪失」があったことは事実であろう。

したがってそれ以前の日本人には、西洋化の尺度によって「等級」分類するという意識、世界認識は存在しなかったにもかかわらず、あえて福澤・内田は「等級」を付けたのである。彼らにとって世界地誌の啓蒙は、西洋文明が非西洋文明地域と比べて、いかに高い水準であるかを大衆へ知らせることを意味していた。

福澤諭吉（1834 ～ 1901）

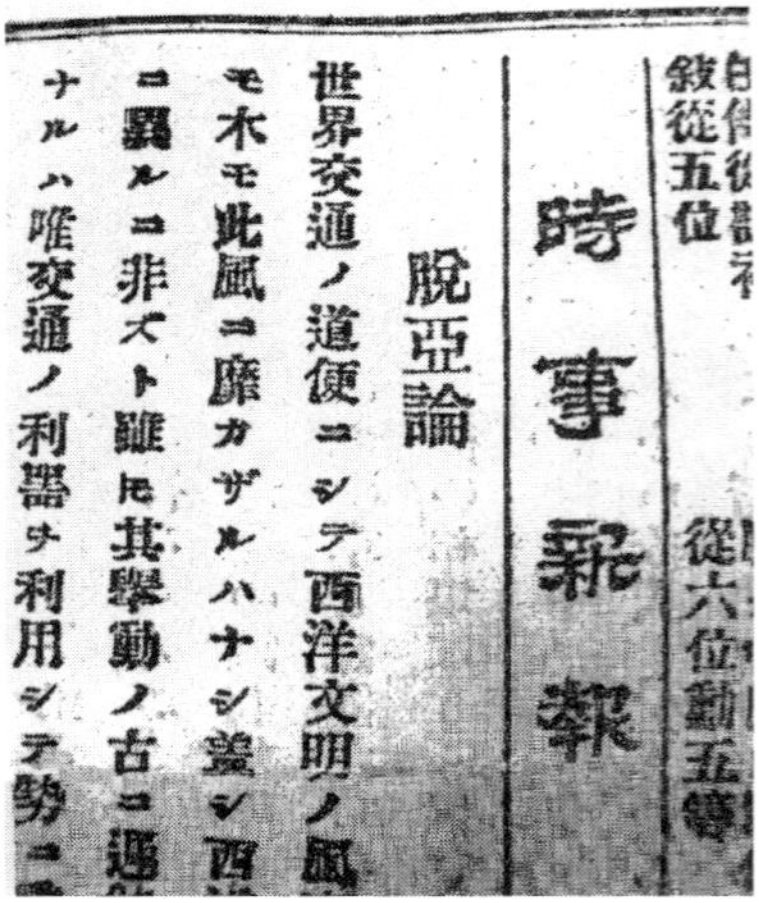

敍從五位

時事新報

從六位勳五等

脱亞論

世界交通ノ道便ニシテ西洋文明ノ風

モ木モ此風ニ靡カザルハナシ蓋シ西

ニ靡ルニ非ズト雖ドモ其擧動ノ古ニ遲

ナルハ唯交通ノ利器ヲ利用シテ勢ニ

「時事新報」に掲載された「脱亜論」（『沖縄タイムス』2006年1月24日付より）

●脱亜入欧への地理教育

当時日本政府は「脱亜入欧」し、欧米列強の仲間入りをして「富国強兵」をめざしていた。このような政府にとっては、国民に「文明開化」に向かって明確な目標を示す必要があったと考えられる。すなわち、福澤・内田のめざす欧米中心の世界地誌の啓蒙は、日本政府の国家目標と一致していたのである。

清仏戦争で清国の敗北が明らかになった一八八五年、福澤は「脱亜論」と題した論説を新聞「時事新報」に書いた[8]。次は日本が欧米列強の植民地としてねらわれているという「危機感」を持ったことが、彼を「興亜」から「脱亜」へ動かしたのである。

福澤は当初（一八八五年清仏戦争以前）日本は、朝鮮や清国と組んで、アジアの連合により欧米の侵略と対抗できると考えていた（今永　一九七九、一七二～一七三頁）。慶応義塾にも、多くの朝鮮半島からの留学生を受け入れた。また福澤は門下生の井上角五郎（一八六〇～一九三八年）を朝鮮に派遣して、現地で新聞を出して民衆を「開化」しようと考えた（鹿野　一九七九）。そして朝鮮における一八八四年甲申政変の指導者、金玉均（一八五一～九四年）らとの交流はよく知られている（佐藤　一九九二）。

しかし最終的には、アジアの国と組んで欧米列強に対抗する「興亜」より、欧米列強と同様にアジアに侵略する「脱亜」の路線を選択した。以後この路線を突き進んできたのが近代日本であり、ある意味では今日においても「欧米志向」は続いているのである。

●欧米重視の世界地誌

したがって彼の著した世界地誌啓蒙のための『世界國尽』には、ヨーロッパ・旧ソ連三一・〇％、北アメリカ一七・七％と、欧米地域の分量が極端に増大する。その分アジアは一五・四％と激減した。

この傾向は内田正雄の『輿地誌略』でもみられ、さらにヨーロッパ・旧ソ連の記載割合が増えて実に三五・七％にも達している。これは北アメリカ一一・一％と合わせると四六・八％にもなり、欧米地域の分量だけをみれば、今回の検討資料の中では一番多くなる（図2―1―b）。内田は留学生としてオランダに滞在した経験から、特にヨーロッパの記載が多くなったと考えられる。

このように国家（地域）をランク付けして、西洋文明化された国を第一と考え、それ以外の非西洋の文化地域（アジア・アフリカ・アメリカ大陸やオーストラリアの先住民）を見下げる視点は、直接欧米の文明にふれた、福澤や内田のような欧米体験の先駆者によりわが国に持ち込まれた視点であると考えられる。

元来日本には、同じアジアの国々に代表される第三世界を低くみる、蔑視するような認識は決してなかったのである。

この変化の生じた原因はどこにあるのだろう。第一には開国＝黒船ショック、西洋文明への劣等感である。第二には周辺のアジア諸国が、侵略され欧米列強の植民地・半植民地とされていくことへの危機感があったからである。結果的にはこの二つの原因が、それ以後の「脱亜入欧」という日本の進路を決定していくことになる（西岡　一九九六、二六頁）。

4　尋常小学校以降の教科書

●明治〜昭和初期の教科書

⑤〜㉒は、初等教育（尋常小学校・国民学校・小学校）の地理教科書である。このうち前半⑤

〜⑫は、明治初頭から第二次大戦終結までの、小学校段階の教科書である。明治初期から大正・昭和初期にかけて、海外からの情報源の少なかった時代においては、一般大衆の世界認識形成に、これらの教科書が果たした役割は、極めて大きいと考えられる。

明治以後の各時期における教科書制度は、自由発行、検定制度、国定制度などの変遷がある。文部省（当時）による国定教科書が登場するのは一九〇四年であるので、それ以前の教科書は、ある意味では著者の持ち味が自由に出ており、それぞれに「個性」がみられた。

けれども検定制度が始まると、特に文部省（当時）が直接発行した国定教科書には、当時のわが国の政策が色濃く反映されてくる。学校教科書が必要になったのはいうまでもなく、一八七二年に「学制」が施行されたからである。

しかしながら、学校教科書といえども全くのゼロから記述が行われたのではない。それ以前にあった出版物を参考にして書かれたものである。世界地誌の場合も例外でなく、福澤や内田の世界地誌が大いに参考にされたのである。

●文部省による初の教科書

⑤『萬国地誌略』（一八七四年）は、文部省（当時）が出版した小学校教科書で、世界地理書として刊行された最初のものである。ヨーロッパ・旧ソ連に関する記載割合が三二・九％と多いの

は、『世界國尽』『輿地誌略』の伝統を受け継いでいるためと考えられる。

⑥『萬国地理初歩』(一八九四年)には、第八結論で「君等ノ見タル国々ノ中ニハ、開ケタルト開ケザルトアリテ」として、「開ケザル」「野蛮ノ民」には「亞弗利加《アフリカ》・亞米利加《アメリカ》・大洋洲ノ土人」があげられ、「開ケタル」「開化ノ民」には「我国及歐・米ノ諸大國」を例としてあげている。(9) このように文明化(西洋化)を国家の発達段階の尺度とする視点は、福澤・内田からの影響があると考えられる。

正式な教科書にまで、「西洋文明化」の尺度によるランク付けが記載されたことになる。そのため一般大衆にもこの考え、すなわち「欧米尊重、第三世界蔑視の世界認識」が広く「啓蒙」されていったと考えられる。

記述量からみても、ヨーロッパ・旧ソ連の三一・三%が依然として最も多くなっているが、アジアが二六・九%と増えてきている。またアジアの記述は、従来の「支那」にかわり「朝鮮」がトップになり、「朝鮮」の記載が一層詳しくなっている。この背景には一八七五年江華島事件以後、日本政府の朝鮮半島への関心が高まったことがあげられる。

以後文部省(当時)による教科書内容の「調査」が強まり、(10) 一八八六(明治一九)年に「小学校令」の交付に伴い「教科書検定制度」が正式にはじまった。これ以降、著者の個性が発揮された、自由な記載による教科書が発刊されることがなくなり、今日に至っている。

●国定教科書の登場

国定教科書（一九〇四年）が登場すると、国家の方針・政策が記載にもストレートに反映されるようになる。すなわち、地域別の記載分量としては、アジア・オセアニアが増大してくることになる。

一回目の増加は、⑥→⑦→⑧の時期である。これは台湾・朝鮮半島・樺太・南洋諸島などの地域が、新たに日本の領土にされるにつれて、教科書ではこれらの地域を従来の国内の一地方と同様に記載することになったからである。

海外地域が国内に組み込まれていく過程で、記載内容も一段と詳細になり、分量も増えたのである。ここには自国の一部として、新しい領土を国民に認識させ定着させようという意図がみられる。

特に国定教科書⑧では、実に七三・一％を、アジアに関する記述が占めるようになる。そして⑨→⑩→⑪と、約六〇％がアジアの記載分量として定着し、尋常小学校用の地理書としての骨格が形成されたのである。

●アジア中心の世界地誌

この方向が急加速するのが⑫である。ここにいたっては、実に八六・七％がアジアとなる。

⑫文部省『初等科地理下』（一九四三年）では、「今までは米・英・蘭などの国々が、勝手なふるまいをしていたので、住民たちは、ひそかに日本の救いを待っていたのでした（四頁）」「（ビルマ）住民たちは非常にわが国を信頼し、みづから進んで大東亜の建設に協力しています（六頁）」「（フィリピン）今後日本人の指導を受けて、なまけやすい欠点も、しだいに改めていくでありませう（三五頁）」「（中国）日本の指導で、占拠地域はしだいによく治まり、交通もどんどん発達し、物資も盛んに交換されています（八二頁）」「（太平洋とその島々）欧米人は日本に近い島々まで、わがもの顔にふるまいましたが、今や再び太平洋は日本の力の前に、アジヤの海として、その本来の姿をあらはし始めました（一四六頁）」などの表現がみられる。

●大東亜共栄圏建設への世界地誌

あたかも現地の人たちが、日本の領土として組み込まれていくことを望んでいるかのような誤解を生む記述がいたるところにある。侵略戦争を「聖戦」として正当化するとともに、当時の日本政府が唱えた「大東亜共栄圏」建設に、現地アジアやオセアニアの人々が賛成したような印象を、この教科書の読者（一般大衆）に定着させようというのが目的であった。

また⑫になると「大東亜共栄圏」には、従来のアジア（東アジア・東南アジア）に加えて、太平洋地域つまりオセアニアも含まれてくる。したがって極端にもアジア八五・七%とオセアニア一四・三%の二地域だけで、世界地誌一〇〇%として教えられたのである（図2―1―c）。つまりここでは、世界地誌学習は「侵略の対象地域の情報収集の機会」としてしかとらえられていないのである。学習の主体である子どもたちの、関心や興味に応えるという考え方は無視されていた。したがって、日本の国家利益と直接に結びつかないような地域（大東亜共栄圏以外の地域）は、学習する必要がないと考えられていた。地理教育が、国家利益と密接に結びついた例である。

残念であるが、ここには「自国の利益のためにどれだけ他国が利用できるのか」という視点しか見えてこないのである。アジア・オセアニアをはじめとする世界認識が、「搾取の対象」としてしかとらえられていない点に、問題の本質が存在する。

当時の教育が、ここまでゆがんでいたことに今更ながら驚かされる。同時に、このような侵略戦争に加担したことを、歴史教育と同様に地理教育でもきちんと総括し、反省しなければならない（尾崎 一九七九）。

●侵略のための世界地誌

これまで述べてきたように、明治から戦前の地理教育の大部分は、自国の経済発展のために、「南」（途上国＝第三世界）の国々からどうすれば最も有効に「搾取」できるかを念頭に置いて論じられてきた。気が付けばこのように地理学・地理教育は侵略戦争に協力させられていたのである（水内 二〇〇一、五九〜一一二頁）。

このようなわが国の地理教育は戦後「反省」を迫られたはずであった。しかし、十分な反省が行われないまま、再び第三世界は経済侵略の対象として認識されてきているように思える。ある意味では「侵略戦争」は今も続いているのである。

また教科としての地理が侵略理論の正当化に利用されたとはいえ、当時の地理関係者が「協力した」「協力させられた」のも事実である。あらためて地理教育、とりわけ世界地誌で取り扱われる地域・内容が、平和を原則にして設定されなければいけないことを、教訓としてわれわれに迫っている。

5 戦後から現在まで

●地理教育中止からの再出発

⑬〜⑳は、敗戦後中止（一九四五年一二月三一日〜一九四六年六月二五日の約半年間）されていた地理教育が復活し[11]、以後今日に至る過程を、学習指導要領改訂のたびに出版された小学校教科書（東京書籍版）でたどったものである。
わが国における世界地誌教科書の編集方針は、敗戦によって大きく転換する。⑬は敗戦直後初

の世界地誌教科書であり、最初の章に北アメリカ州がきて、冒頭にアメリカ合衆国が登場するところは、「戦勝国側の意向」が反映されているようである。

いずれにせよ⑫で一〇〇％であったアジア・オセアニアの記載分量が激減し、偏った世界地誌教育があらためられたことは歓迎される。第二次大戦後、欧米や日本の植民地とされてきたアジア・アフリカの多くの国々が、新たな国家として独立してきたことも、その要因と考えられる。いわゆる第三世界の台頭である。

その後の東西冷戦時代には、再び東西両陣営がこれらの新しい国を、自らの陣営に組み込もうと競争をした。理由はどうであれ第三世界への新しい理解の必要性が高まってきた時代である。これまで以上に一層地域バランスのとれた世界地誌の記述が必要となってきている。にもかかわらず、この⑬から始まった、アメリカ合衆国がトップで、詳細に記載されるパターンは、戦後六〇年以上を経た今日でも続いている。こちらの方も「改善」が必要である。

●州（地域）別世界地誌の消滅

この後残念なことに、わが国では一九六〇年以降、⑭〜⑱のように学習指導要領の改訂ごとに、小学校の教科書からは世界地誌に関する記載分量は減少を続けている。⑮でいったん復活したものの⑭・⑯→㉒では、州別（地域別）の記述がなくなった。

特に⑱（一九八〇年）では、六年下の教科書には「地理」にかわって「歴史」が登場することになった。この結果小学校教科書から「体系だった世界地誌」＝「州（地域）別の世界地誌」はなくなった。

⑲（一九九六年）では、世界地誌では、アメリカ合衆国・中国・サウジアラビアの3か国のみの記述となった。㉑（二〇〇一年）では、アメリカ合衆国・韓国・ブラジル・中国の四か国のみである。最も新しい㉒（二〇〇五年）では、アメリカ合衆国・中国・韓国・サウジアラビアとなった。この結果小学校社会科の教科書では以前のように、総合的に全世界を網羅するような世界地誌は、みられなくなってしまったのである。

このように三〜四か国だけを学ぶ世界地誌は、⑫のアジア・オセアニアのみに「特化」していた「大東亜共栄圏」の地誌より、見方によっては極端に片寄った世界地誌である。

●世界地誌衰退への不安

このような、わが国の小学校教科書における地理教育の衰退は、大きな世界の歴史の流れに逆行しているように思えてならない。東西冷戦は終わったが、「南北問題」「環境問題」などの地球規模の問題は深刻化してきた。世界全体とりわけ第三世界への正しい世界認識は、今後もますます必要となることは誰の目にも明白である。国際理解・異文化理解など「国際化」に対応する視点としてバランスのとれた世界認識が不可欠になってきた。にもかかわらずアフリカの例（図2—1d）からもわかるように、今日の学校教育では、第三世界に関わることがらは、明治初期と比較しても軽視されている。

世界地誌が、このように軽視され切り捨てられていくことに、私は不安を感じるとともに危機感を持っている。GNP世界第三位で、常任理事国入りをめざし国際貢献を唱える日本政府としては、あまりにもお粗末な地理教育の現状である。

（1）辻田右左男（一九七五）「日本における地誌研究の発達と現状」谷岡武雄編『世界地誌の研究と教育』所収、大明堂、四頁。

（2）本文中の凡例の前に「引用西書」として、ニウウェホイス一〇本、ブロイニンク四本、プリンセン一本、ゼオガラヒー一本、ゲーレウヽト一本、カンペン一本、ウェイランド・ヲヽルデンブーク五本の、二三本（冊）より引用したことが記載されている。半谷二郎編著（一九九一）『箕作省吾』旺史社、三〇頁。

（3）鮎沢信太郎（一九八〇）『鎖国時代の世界地理学』原書房、二八二～二八八頁、復刻原本は愛日書院刊（一九四八）。

（4）正式な名称は、福沢諭吉訳述『頭書大全世界國儘』という。

（5）第四篇の巻一〇は一八七八年刊で、内田正雄遺稿を西村茂樹が校正した。巻一〇と巻一一上、巻一一下の北アメリカ・南アメリカについては西村茂樹の編集である。海後宗臣編（一九六五）『日本教科書体系近代編第一五巻地理（一）』所収、講談社、六二三頁。中川浩一（一九七〇）「教科書からみた地理教育の歴史（二）」地理一五巻二号、九三頁。
（6）東京書籍社史編集委員会編（一九五九）『教科書の変遷東京書籍五十年の歩み』東京書籍、一四五〜一四七頁。
（7）内田正雄他著（一八七〇）『輿地誌略・第一巻』大学南校版（和装本）、海後宗臣編（一九六五）『日本教科書体系近代編第一五巻地理（一）』所収、講談社、八〇〜八二頁。
（8）「時事新報」一八八五年三月一六日付、慶應義塾編（一九六〇）『福沢諭吉全集第一〇巻』岩波書店、二三八〜二四〇頁。
（9）学海指針社著（一八四九）『萬国地理初歩全』学海指針社、海後宗臣編（一九六五）『日本教科書体系近代編第一六巻地理（二）』所収、講談社、一六一頁。
（10）旧文部省が教科書の調査に着手したのは一八八〇年（明治一三年）からである。中川浩一（一九七八）『近代地理教育の源流』古今書院、一〇九頁。
（11）一九四五年一二月三一日から一九四五年六月二五日までの期間は、占領軍によって学校での地理教育は停止されていた。中川浩一（一九七五）「明治以降における地誌教育の系譜」谷岡武雄編『世界地誌の研究と教育』所収、大明堂、一三七頁。

シルエットクイズ②島名

ほぼ上が北です。図法・縮尺は一定ではありません。
●は首都もしくは主な都市を示しています。

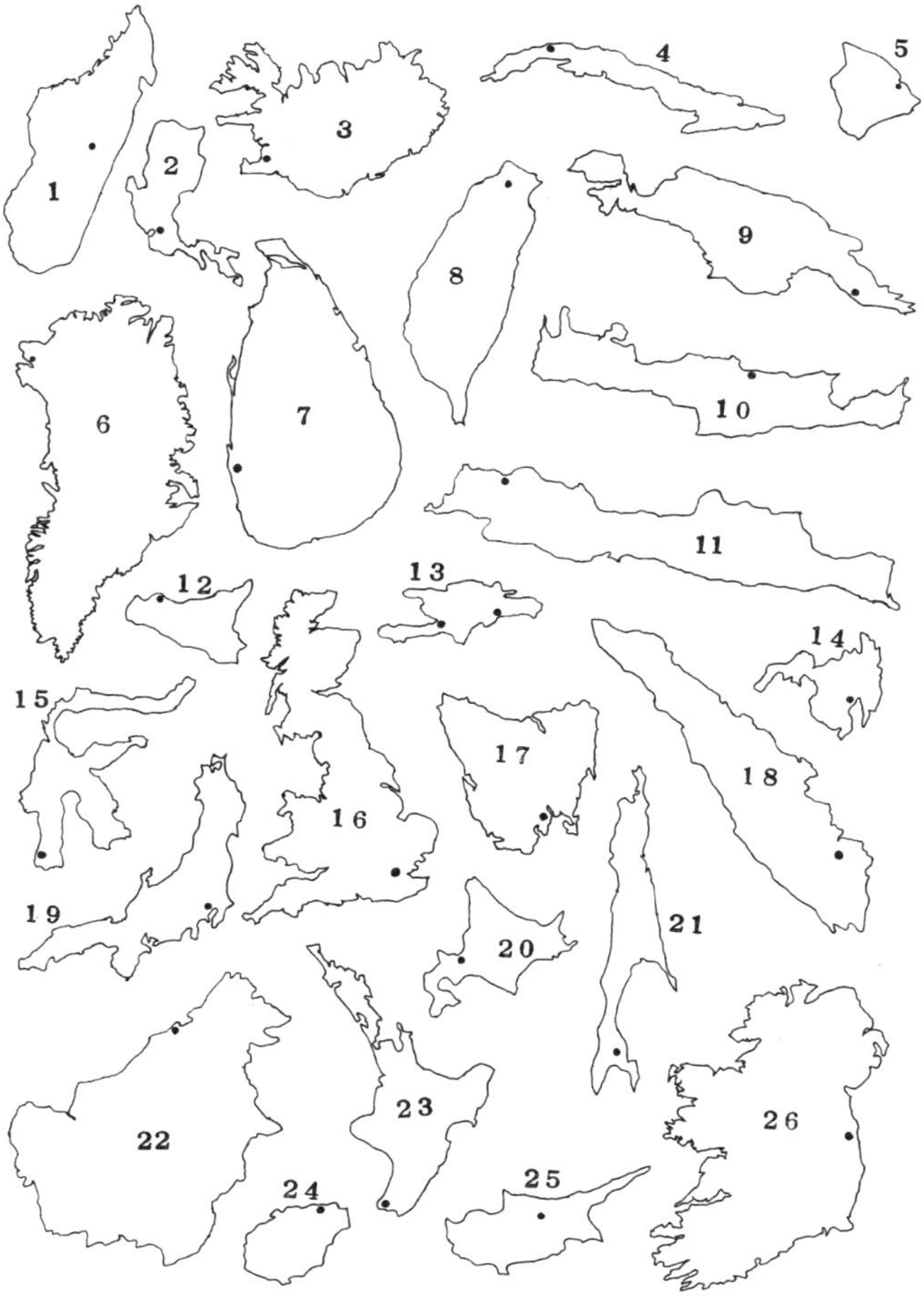

3　小学校教科書にみるアフリカ

1　世界認識と偏見

●検討した教科書

地理教育とりわけ世界地誌の内容は、学習者の世界認識形成に与える影響が大きく、国際理解（異文化理解）教育の側面をもっている。しかし、私たちが歴史や地理の認識で、当然のこととしていることが、いかに偏見ととなり合わせであるかについて理解を深めていく必要がある。ここでは教科書や教師も、情報を媒介するシステムつまりメディアである（市川　二〇〇二）と考えて、現在使用されている教科書を検討していくことにする。

二〇〇五年四月より小学校教科書が新しくなった。これを機会に、教科書で第三世界（地域）が軽視されている問題点を、特に「アフリカに関わる表記」に焦点をあて検討してみたい。日本の義務教育教科書で世界地誌分野の記述は社会科六年下から始まる。[1] ここではその内容を、旧版・新版を比較しながら考察した。加えて地誌教育とりわけ世界地誌のあり方を開発教育の視点（西岡 一九九五他）から考察する。[2]

今回検討した社会科六年下教科書は、旧版五冊（二〇〇五年三月まで使用＝二〇〇一年検定版）と、新版五冊（二〇〇五年四月より使用＝二〇〇四年検定版）である（表3―1）。また表3―2は、内容比較に用いた中学地理教科書（二〇〇五年四月現在使用＝二〇〇一年検定版）教科書である。以下本文中では便宜上、旧①〜⑤、新①〜⑤の表記を用いた。

2 国際理解教育としての世界地誌

●世界認識の形成

地理教育における世界認識形成のあり方に関して、菊池（一九六〇、三〇一頁）は「他国民への偏見や憎悪や協力の道をとざす障害を取りのぞき、国際的な反感を駆逐して、同情と協力を確立するためには、……偏見と偏狭を善意と開放的な態度におきかえなければならない」と述べている。

表３—１　小学校社会科６年下教科書（旧版＝2005年３月まで使用，新版＝2005年４月より使用）

番号	発行所	著作者	書　名	旧版検定年	新版検定年
①	東京書籍	佐々木毅ほか	新しい社会６下	2001年	2004年
②	大阪書籍	清水毅四郎ほか	小学社会６年下	2001年	2004年
③	教育出版	伊藤光晴ほか	小学社会６下	2001年	2004年
④	光村図書	森　隆夫ほか	社会６下	2001年	2004年
⑤	日本文教出版	水越敏行ほか	小学生の社会６下	2001年	2004年

表３—２　中学校社会科地理教科書（2005年４月使用中のもの）

番号	発行所	著作者	書　名	検定年
⑥	日本書籍	江波戸昭ほか	私たちの中学社会地理的分野	2001年
⑦	東京書籍	田辺　裕ほか	新しい社会　地理	2001年
⑧	大阪書籍	足利健亮ほか	中学社会　地理的分野	2001年
⑨	教育出版	奥田義雄ほか	中学社会　地理　地域に学ぶ	2001年
⑩	清水書院	西脇保幸ほか	新中学校地理日本の国土と世界	2001年
⑪	帝国書院	中村和郎ほか	社会科中学生の地理世界の中の日本	2001年
⑫	日本文教出版	山本正三ほか	中学校の社会科地理世界と日本の国土	2001年

また正井（一九七九、四頁）は、「時間と能力に限界がなければ、国際理解教育はすべての国に対して行われるべきである。……特定の国だけについて重点学習を行うのは、見方によっては危険であり知識の偏在を招く」とその問題点を指摘している。

このような児童・生徒の、世界地域イメージ形成の際に生じる感情や意識は、「情意的認識・好悪感情」（山口　一九八四、二八頁）や「地域優劣意識」（山口　一九九八、九七頁）、さらに「地理教育の負の遺産」（中山 二〇〇〇、二二〇頁）として考察されてきた。

その一方で山口（一九九四、一五〇頁）は、小学校高学年（四年生後半〜六年生）の時期を、「地理意識の爆発核心期」と呼び、世界観・国土観の形成面で最も重要な時期としている。また戸井田（二〇〇二、一三頁）も、子どもたちの世界認識が飛躍的に拡大するこの時期に、「学習適期を逃さない」世界地誌学習が必要であるとしている。

すなわち発達段階から考慮して、**小学校高学年で培われた「世界認識」は、その人物の生涯にわたって大きな影響をもたらし、国際理解の基礎となる世界的地域イメージ、さらには世界的な人権意識をも左右するといえる。**筆者が社会科六年下の世界地誌の内容を考察するのは、この時期の重要性を強く意識したためである。

3　教科書の「世界」

●無視されるアフリカ諸国

小学校の世界地理学習は、社会科六年下教科書から始まる(3)。学習指導要領（一九九八年告示）六学年の内容の取り扱いには、「……我が国とつながりが深い数か国を取りあげること」（傍点引用者）とある(4)。同様に中学校の世界地理学習は、一学年または一〜二学年(5)において実施され、学習指導要領（一九九八年告示）地理的分野の内容の取り扱いには、「……二つ又は三つの国を事例として選び、具体的に取り扱う……」（傍点引用者）とある。(6)

教科書は学習指導要領に沿って記述・編集されている。したがって事例として登場する世界の国は、小学校六年下では「数か国」、中学校では「二つ又は三つの国」になる。前章で述べたように、小学校六年下では一九七一年以降、地域別記載の世界地誌はなくなった（第2章・表2―2）。**表3―3**は小学校六年下教科書、**表3―4**は中学校地理教科書で事例として詳しく紹介された国名である。また**表3―5**は小中合計の国別記載回数である。これらをみるとアメリカ合衆国が、小中合計一二冊の教科書のうち一一冊で紹介されている。アメリカ合衆国を扱っていないのは唯一中学⑩のみである。以下中国の一〇冊、韓国四冊、サウジアラビア三冊、オランダとオーストラリアの二冊……と続く。

地域（州）別では、ヨーロッパ五か国、アジア四か国、北アメリカ・南アメリカ・オセアニア・アフリカがそれぞれ一か国となる。しかし、アメリカ合衆国は一一冊、ブラジルが二冊、オーストラリアが二冊と複数であるのに対し、アフリカではケニアが一冊（中学⑫）のみで取りあげられるだけである。

このことから小中学校の教科書で最も重要視されている地域はヨーロッパ（五か国）、また国ではアメリカ合衆国（一一冊に登場）である。逆に最も軽視されている地域は、アフリカ（小学

表３―３　小学校６年下で詳しく記載された国（2004年検定教科書）

番号・発行所	詳しく記述されている国
①東京書籍	アメリカ合衆国、韓国、中国、サウジアラビア
②大阪書籍	アメリカ合衆国、韓国、中国、オーストラリア
③教育出版	アメリカ合衆国、韓国、中国、ブラジル
④光村図書	アメリカ合衆国、中国、ブラジル、サウジアラビア
⑤日本文教出版	アメリカ合衆国、韓国、サウジアラビア

表３―４　中学校地理で詳しく記載された国（2001年検定教科書）

番号・発行所	詳しく記述されている国
⑥日本書籍	アメリカ合衆国、中国、イギリス、
⑦東京書籍	アメリカ合衆国、フランス、マレーシア
⑧大阪書籍	アメリカ合衆国、中国、イタリア
⑨教育出版	アメリカ合衆国、中国、オランダ
⑩清水書院	オーストラリア、中国、オランダ
⑪帝国書院	アメリカ合衆国、中国、ドイツ
⑫日本文教出版	アメリカ合衆国、中国、ケニア

表３―５　小中合計の国別記載回数

国　　名	回数
アメリカ合衆国	11
中国	10
韓国	4
サウジアラビア	3
オランダ	2
オーストラリア	2
ブラジル	2
イギリス	1
イタリア	1
ケニア	1
ドイツ	1
フランス	1
マレーシア	1

表3—6　旧版小学校6年下で詳しく記載された国（2001年検定版教科書）

番号・発行所	詳しく記述されている国
①東京書籍	アメリカ合衆国、中国、韓国、ブラジル
②大阪書籍	アメリカ合衆国、中国、韓国、オーストラリア
③教育出版	アメリカ合衆国、中国、タイ、ブラジル
④光村図書	アメリカ合衆国、中国、オーストラリア、サウジアラビア
⑤日本文教出版	アメリカ合衆国、中国、サウジアラビア

校でゼロ、中学校で一冊）である。なぜ五冊の教科書執筆者が事前に申し合わせたように限られたほぼ同じ国をとりあげ、「欧米志向」になるのか、理解できない。

●新旧教科書の比較

次に小学校六年下で取りあげられる国を新旧教科書、表3—6（旧版）と表3—3（新版）で比較した。中国を詳細に取りあげた教科書数はマイナス一、オーストラリアがマイナス一、タイがマイナス一であるのに対して、韓国がプラス二、サウジアラビアがプラス一となっている。

旧版で全五冊にあった中国が四冊に減り、韓国に変わったことは、中学校（二〇〇一年検定版）で、中国を記載した教科書が多い点を考慮すれば、重複を避ける意味で評価したい。しかし、東南アジア諸国は、指導要領の「……我が国とつながりの深い国……」であると考えられるにもかかわらず、小学校教科書で唯一東南アジア諸国を取りあげていた旧③から、タイがなくなったことは残念である。

多くの中学校で地理は一学年で教えられるから、小学六年、中学一年と二年間連続して同一国（例えばアメリカ合衆国）を再度重ねて学習することは、大部分の学習者にとっては「苦痛」であり「弊害」となる。このことは学習者の「さまざまな地域への興味」を奪うことになる。さらにいえば教師側（教える側）の世界観もゆがめている。

毎年限られた数か国だけを教えればよいというのは、教師にとって教材研究も少なく負担が少ない。しかしこのことに安住し、新たな地域や国々に「無関心」な教師を増やしているのである。

このような教科書が、学習者と教育者双方の「知識の偏在」（正井 一九七九、四頁）を招き、結果として「魅力のない内容」になり、「誤った世界観」や「地理嫌い」を生み出す要因になるとしたら、改善が必要になる。具体的には小中で連携した教科書記述、重複しないバランスのとれた地域・国の選定がされるべきである。

以下では記述分量で最も軽視されているアフリカに焦点をあて、その具体的な課題を検討する。なぜなら意識的にアフリカに焦点をあてることで、地理教育の問題点がみえてくると考えるからである。

4　教科書の「アフリカ」

●アフリカに関する表記

社会科六年下で「具体的に記述された」アフリカ諸国はゼロである。したがってアフリカに関わる「文章表記」は極端に限られている。アフリカに関わる文章記事がみられるのは、旧①④⑤の三冊、また新版ではさらに減少し新①②の二冊となった。

（a）旧版教科書のアフリカに関わる文章

旧①（四四頁）には写真の説明で「アフリカで農業を指導する青年海外協力隊の人」「わざわざアフリカにまで行って、そのような大変なことをしなければならなかったのだろう……」とある。どうして写真の撮影場所が「ガーナ」と国名を表記せず、「アフリカ」になっているのか。また「わざわざアフリカにまで行って」や「そのような大変なこと」の表現も不自然である。この根底には、アフリカは「遠くにあり」「わざわざ行く」ところで、しかもそのようなところでの援助活動は、「大変なこと」であるという誇張・偏見やステレオタイプ認識が存在するとしか考えられない。

しかし、東京中心の正距方位図法で示した世界地図でみれば、アフリカ大陸は東京から一五、

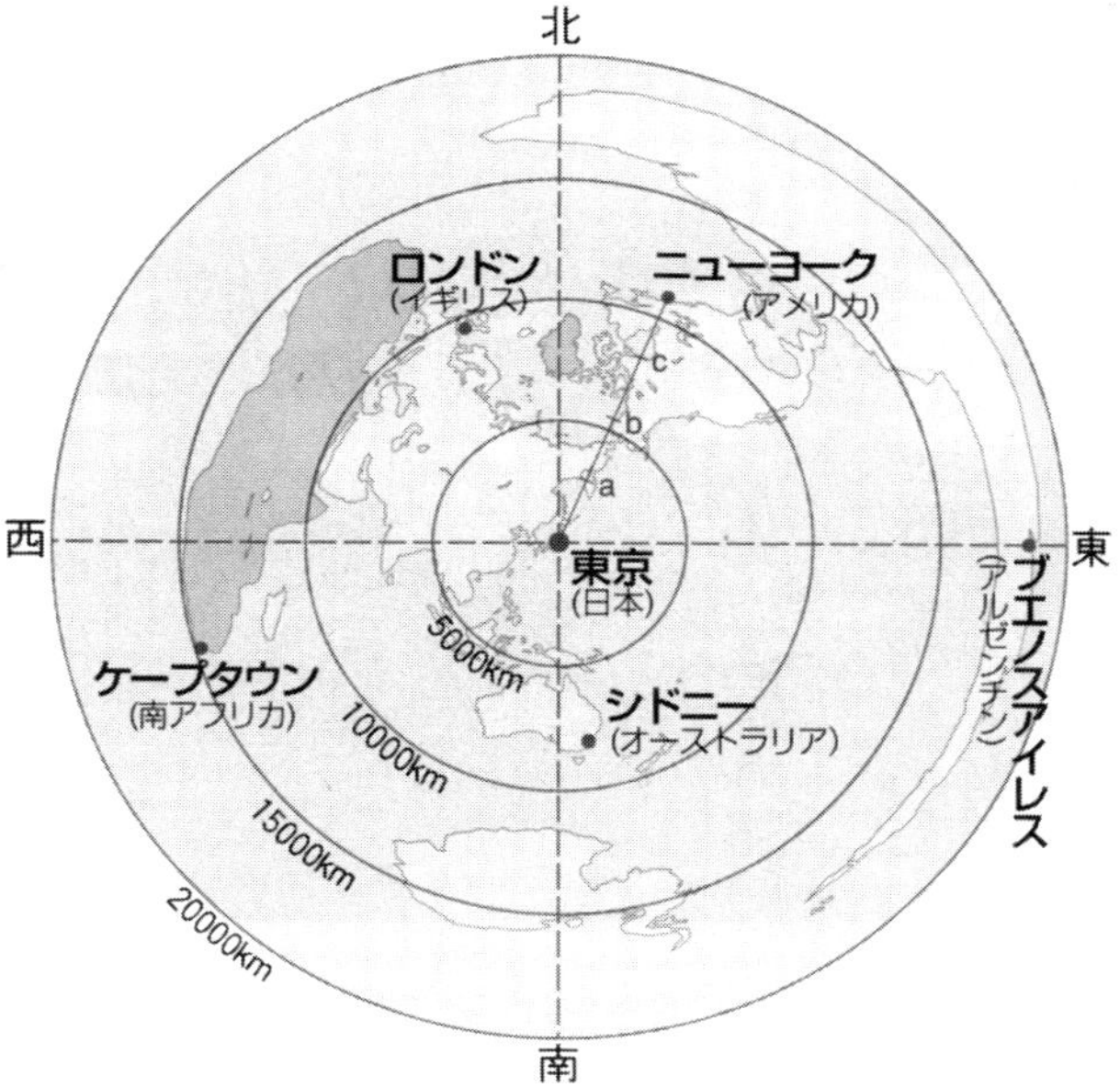

図3—1　東京中心の正距方位図（アフリカ大陸は遠くない！）
出典：金田章裕ほか（2006）『中学社会地理的分野』大阪書籍，p.8

○○○キロメートル以内に位置し、南アメリカ大陸より近い大陸である（図3—1）。カイロとロンドン、ナイロビとワシントンはほぼ同じ距離である。ソマリアはフロリダ半島より「近い」のであり、アフリカは決して「遠くない」。

旧④（五二頁）には「西アフリカのセネガルという国で……」とある。同じ教科書にある他の国の表記には「……という国で……」はない。どうして単に「西アフリカのセネガルで……」ではいけないのか、なぜ同じ教科書内のアフリカ以外の他の諸国と、意図的に表記を区別するのか疑問である。

同様に旧⑤（三五頁）には、阪神淡路震災の時の「アフリカのウガンダから寄付……」の記事がある。「……ウガンダには日本人の援助によって運営されている孤児院があります。この施設に入っている子どもたちが、自分たちでバナナを売って……」と続く。「アフリカからの寄付」しかも「孤児院から……」というこだわりのある表記が不自然である。「アフリカの」「ウガンダの」「孤児院の」子どもたちが、「バナナを売って」寄付を申し出てくることは、そんなに強調され「特記」することなのだろうか。孤児院はどこの国にもあるし、単に「ウガンダの子どもたちからも援助が届いた。」とだけ表記する方が自然だと私は思う。

（b）新版教科書のアフリカに関わる文章

新版で本文中にアフリカに関わる記事があるのは、新①（五〇頁）モロッコと新④（六〇頁）ニジェールの二冊であり、いずれも青年海外協力隊員の話である。新④では、写真の説明文（後述する写真35、36に関する説明）に、「青年海外協力隊の渡邊さんは、アフリカのニジェールのシキエ村で植林の仕事をしました。」とある。前述の旧版でも指摘したが、どうして単に「ニジェール」でなく「アフリカのニジェール」となるのだろうか。青年海外協力隊に関わる記事には、新①にはモロッコが登場するが「アフリカのモロッコ」とは記載されていない。また同じ教科書、新④（六一頁）にはフィリピン、マレーシアが登場するが、こちらは「アジアのフィリピン」や「アジアのマレーシア」とは記載されていない。前述の旧版でも指摘したが、なぜ「アフリカ諸国」の国名を表す際に限定して「アフリカの……」が頭に付けられるのか。それほどアフリカは特殊で意図的に特記される地域なのだろうか。

●アフリカに関する写真

ここではアフリカ諸国で撮影された「写真」に注目した。写真は地理学習に不可欠な教材である。(7) いかに事象を正確に記述しても、文章だけではその目的が達せられない。そういう時には、多くの言葉を費やすよりも一枚の写真が雄弁に真実を物語ってくれる。(8) 教科書でも、写真がその地域のイメージを形成する重要な手段となる。世界地誌分野で使用された写真の合計は旧五冊で二五四枚であったのが、新五冊では三一九枚と増加した（**表3―7**、**表3―8**）。アフリカに関する写真は旧五冊では一九枚、新五冊には二一枚が掲載されている（**写真1〜19**、**写真20〜40**参照）。

(a) 旧版教科書にみる写真

表3―7は小学校社会科六年生下の、旧五冊で用いられていた写真を撮影国ごとに枚数で表したものである。当然であるがどの教科書も、事例として取りあげた国の写真が多くなる。

〈旧版教科書のアフリカに関わる写真〉（1～19）

写真1　スーダンの子供たちをはげます国際連合のユニセフ親善大使の黒柳徹子さん（旧① p.45）

写真2　飢えに苦しむ子どもたち（旧① p.47）

写真3　活動する緒方貞子さん、…コンゴ民主共和国の子どもたちをはげましています。（旧① p.51）

写真4　ミルクを飲む子ども（場所不明）（旧② p.27）

写真5　コンゴ民主共和国の子どもたちをはげます黒柳徹子さん（旧③ p.46）

写真6　食糧の配給を待つ子どもたち（コンゴ民主共和国）（旧③ p.46）

写真７　飢えに苦しむ子どもたち（スーダン）（旧④ p.49）

写真８　飢えに苦しむ子ども（旧⑤ p.28）

写真９　難民を乗せたユニセフのトラック（旧⑤ p.28）

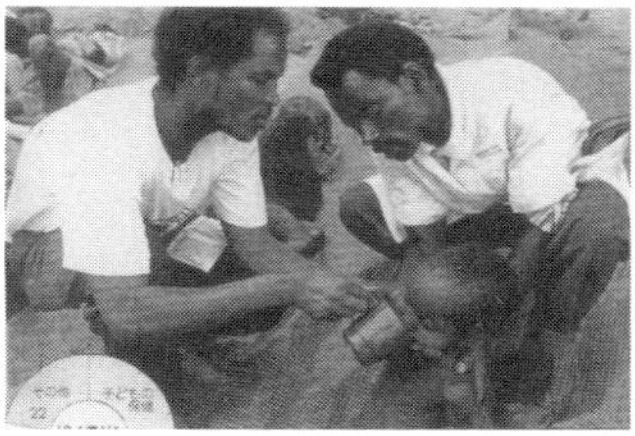

写真10　ユニセフによる検診活動（旧⑤ p.31）

写真11　ソマリアの内戦（旧① p.51）

写真12　ルワンダの少年従軍兵（旧④ p.60）

写真14　おしよせるさばく（1978年モーリタニア）（旧② p.45）

写真13　アフリカ北部に広がるさばく化（旧① p.52）

写真15　アフリカで農業を指導する海外青年協力隊の人（旧① p.44）

写真17　稲作の指導（タンザニア）（旧⑤ p.41）

写真16　青年海外協力隊（セネガル）（旧④ p.52）

写真18　ケニアの植林運動（ただし指導書の説明、教科書には説明なし）（旧⑤表紙ウラ口絵）

写真19　地球のなかまたち（ケニア）（旧④口絵）

表3—7　旧版6年下で用いられた写真の撮影された国と枚数

①東京書籍 pp.26-56		②大阪書籍 pp.26-56		③教育出版 pp.24-52		④光村図書 pp.34-64		⑤日本文教出版 pp.26-66	
アメリカ合衆国	**15**	**中国**	**11**	**中国**	**7**	**アメリカ合衆国**	**16**	**アメリカ合衆国**	**19**
韓国	**11**	**アメリカ合衆国**	**10**	**アメリカ合衆国**	**6**	**中国**	**14**	**中国**	**18**
中国	**7**	**オーストラリア**	**8**	**タイ**	**5**	**オーストラリア**	**6**	**サウジアラビア**	**16**
ブラジル	**5**	**韓国**	**7**	**ブラジル**	**4**	**サウジアラビア**	**5**		
カンボジア	1	インド	1	オーストラリア	3	フィリピン	3	カンボジア	3
コンゴ民主共和国	1	カナダ	1	マレーシア	3	イギリス	2	イギリス	2
スーダン	1	カンボジア	1	コンゴ民主共和国	2	ケニア	1	マレーシア	2
ソマリア	1	コスタリカ	1	イギリス	1	スーダン	1	イエメン	1
		チェコ	1	イラク	1	セネガル	1	韓国	1
		トルコ	1	カナダ	1	ルアンダ	1	サモア	1
		ドイツ	1	サウジアラビア	1			タンザニア	1
		マレーシア	1	トルコ	1			ボリビア	1
		モーリタニア	1	フィリピン	1			東チモール	1
		モルジブ	1	ラオス	1			ユーゴスラビア	1
		モンゴル	1						
		ユーゴスラビア	1						
		タヒチ	1					コソボ	1
撮影国不明	3	撮影国不明	1					撮影国不明	4
合計	45枚	合計	50枚	合計	37枚	合計	50枚	合計	72枚

備考：ゴシック体は事例として詳細に記載されている国。コソボ、タヒチは独立国名ではない。同数の場合は五十音順で表示。

したがってアフリカに関する写真は極端に少なく、旧①のコンゴ民主共和国、スーダン、ソマリア各一枚、旧②のモーリタニア一枚、旧③のコンゴ共和国二枚、旧④のケニア、スーダン、セネガル、ルワンダ各一枚、旧⑤のタンザニア一枚の合計一一枚である。[9]

この他にも撮影国が明記されていないが、アフリカに関わると考えられるものが、旧①に三枚、旧②に一枚、旧⑤に四枚ある。[10] これらを含めても全五冊の教科書に登場するアフリカに関係した写真は、合計一九枚のみである（**写真1〜19**）。一国で六六枚（一冊では旧⑤の一九枚が最多）もの掲載があるアメリカ合衆国と比べれば、情報量には極端な格差がある。

写真1～10は旧①～⑤に記載された、アフリカに関わる人物を写した写真である。まず気づくことはいずれも「マイナスイメージ」で説明文が書かれていることである。これら一〇枚は、主に子どもたちを写したものであるが、その写真に付けられた説明には、黒柳徹子さんや緒方貞子さんに「はげまされ」たり、また「飢えに苦しむ」「食糧の配給を待つ」「難民」「検診活動[11]」のようすとある。これらをみる小学生に「悲惨さ」のみを誇張し、限られた情報として伝えてしまう危険があると考えられる。

さらによく見ると**写真**2と**写真**6は、同じものである。しかしタイトルが違うし、**写真**2には撮影国の記載がない。他にも**写真**4・8・9・10には撮影場所（国名）がない。いずれにせよ撮影場所（国名）と撮影時期（年代）の不明な写真は、地理教科書に使用するべきではない。

写真11・12は紛争に関わるもので、こちらも「危険なイメージ」を連想させ、決して「明るい」写真ではない。

写真13、14は同じ写真で、その説明には「アフリカ北部に広がるさばく化」「おしよせるさばく」とある。**写真**13には撮影場所と撮影年が記載されていて、一九七八年モーリタニアの写真であることがわかる。しかし本当にこの写真が「砂漠化」を表しているのだろうか。「おしよせるさばく」は、この写真で見る限り卓越風による「砂の移動」であって、「砂漠化＝砂漠面積の拡

大」の写真でないのではないかという疑問が拭い去れない。いずれにせよこの二枚も自然災害で、「マイナスイメージ」の写真である。

写真15〜17は、ガーナ、セネガル、タンザニアにおける青年海外協力隊員の活動のようすである（ただし**写真**15には国名がない）[12]。これまでの**写真**1〜14と異なり「マイナスイメージ」でなく、救われた気持ちになる。しかしあくまで現地の人々は「援助を受ける側」として描かれている。**写真**18は表紙ウラにある写真だが、教科書には一切説明がない（ただし教師用指導書にはケニアの植林運動とある）。

写真19は、ケニアで撮影されたものであり、学校らしい校庭で遊ぶ子どもたちである。これは一九枚中、唯一の明るい子どもたちの笑顔がみられる「貴重」な写真である。

（b）新版教科書にみる写真

表3―8は新版五社の教科書（世界地誌分野）で用いられている写真を、撮影国ごとに枚数で表している。旧版同様どの教科書でも、事例として取りあげた国（**表**3―8中ゴシック体で示した国）の写真が多くなる。

撮影国が記載されたアフリカに関わる写真は、新①のマラウイ、モーリタニア各一枚、新②の南アフリカ一枚、新③のエジプト、ケニア、スーダン、モーリタニア各一枚、新④のニジェール

表3—8　新版6年下で用いられた写真の撮影された国と枚数

①東京書籍 pp.28-68		②大阪書籍 pp.28-68		③教育出版 pp.26-55		④光村図書 pp.37-72		⑤日本文教出版 pp.26-64	
アメリカ合衆国	20	**オーストラリア**	11	**アメリカ合衆国**	18	**アメリカ合衆国**	12	**アメリカ合衆国**	17
韓国	15	**アメリカ合衆国**	7	**ブラジル**	7	**ブラジル**	12	**サウジアラビア**	17
中国	9	**中国**	6	**韓国**	6	**中国**	9	**韓国**	12
サウジアラビア	8	**韓国**	5	**中国**	5	**サウジアラビア**	6		
カンボジア	4	イタリア	3	バングラデシュ	3	アフガニスタン	2	オーストラリア	2
アフガニスタン	2	アフガニスタン	1	アフガニスタン	2	ニジェール	2	カンボジア	2
インドネシア	2	カンボジア	1	カナダ	2	フィリピン	2	ザイール	2
グアテマラ	1	ツバル	1	サウジアラビア	2	アルゼンチン	1	**中国**	2
ツバル	1	トルコ	1	ラオス	2	イタリア	1	ルワンダ	2
パキスタン	1	マレーシア	1	インド	1	インドネシア	1	イタリア	1
東ティモール	1	**南アフリカ**	1	インドネシア	1	エクアドル	1	**東ティモール**	1
ホンジェラス	1			エジプト	1	オーストラリア	1	フィリピン	1
マラウイ	1			オーストラリア	1	カナダ	1	ブラジル	1
モーリタニア	1			ギリシア	1	コスタリカ	1		
ユーゴスラビア	1			グアテマラ	1	ザンビア	1		
ヨルダン	1			ケニア	1	シエラレオネ	1		
				スイス	1	ジンバブエ	1		
				スーダン	1	スーダン	1		
				スリランカ	1	スペイン	1		
				タイ	1	トンガ	1		
				トルコ	1	ネパール	1		
				ドイツ	1	バングラデシュ	1		
				フィジー	1	モーリタニア	1		
				モーリタニア	1				
				ロシア	1				
パレスチナ	1	南極	1	エベレスト	1	イラン・イラク国境	1		
						パレスチナ	1		
撮影国不明	5	撮影国不明	6	撮影国不明	8	撮影国不明	4	撮影国不明	2
合計	75枚	合計	45枚	合計	72枚	合計	67枚	合計	62枚

備考：ゴシック体は事例として詳細に記載されている国。パレスチナは独立国名ではない。同数の場合は五十音順で表示。

二枚、ザンビア、シエラレオネ、ジンバブエ、スーダン、モーリタニア各一枚、新⑤のザイール、ルワンダ各二枚の合計一八枚である。

この他にも撮影国がないが、アフリカに関わると考えられるものが、新②に二枚（写真20・31）、新④に一枚（写真23）ある。[13] これらを含めても全五冊の教科書に登場するアフリカに関係した写真は、合計二一枚のみである（表3―8）。一国で七四枚（一冊では新①の二〇枚が最多）のアメリカ合衆国と比べれば、旧版と同様情報量には極端な格差がある。

写真20〜29の一〇枚は子どもを中心とした人物を写した写真である。キャプションには、難民キャンプ・配給・飢え・衛生・栄養失調・予防接種などとある。これらはいずれもアフリカ大陸における「限られた事例」「事実の一部」であるにもかかわらず、アフリカに関わる他の情報がないため「全体像」として学習者に伝わる危険がある。

写真24の説明は、「栄養失調の弟に食事をあたえる姉」となっている。しかし私には「栄養失調の」という情報は、たとえそれが「部分的に正しい事実」であっても削除し、「弟に食事をあたえる姉」だけで十分に意図は伝わると思えるのである。

●本当に砂漠化？

写真30〜33は「さばく化」「おしよせる砂漠」「広がる砂漠」として自然災害＝マイナスイメー

〈新版教科書のアフリカに関わる写真〉（20〜39）

写真20　配られたミルクを飲む難民キャンプの子ども（新② p.47）

写真21　飲み水の配給を受ける人々（スーダン）（新③ p.49）

写真22　うえに苦しむ子どもたち（スーダン）（新④ p.54）

写真23　水と衛生（撮影国不明）（新④ p.56）

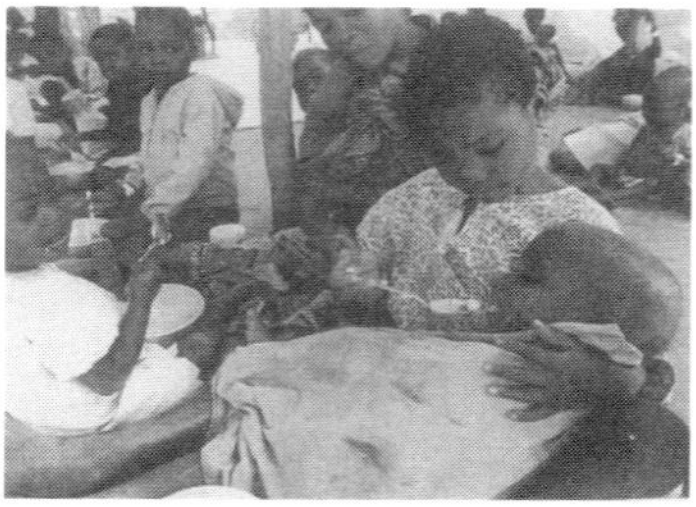

写真24　栄養失調の弟に食事をあたえる姉（ザンビア）（新④ p.66）

写真25　ユニセフによる難民への水の供給（ザイール）（新⑤ p.27）

ジを描いている。**写真**30・31・32の三枚は同一の写真であるが、**写真**30は「さばく化（モーリタニア、二〇〇二年）」、**写真**31は「さばく化の進むアフリカ」、**写真**32は「おしよせる砂漠（モーリタニア）」とキャプションが異なる。旧版でも指摘したが**写真**30・31を「砂漠化」と断定して良いのだろうか。

砂漠化とは「乾燥、半乾燥及び乾燥半湿潤地域における、気候変動及び人間の活動を含むさまざまな要因に起因する土地の劣化[14]」である。**写真**30・31は風による砂の移動で、自動車が埋もれているようすであり、**写真**32の「おしよせる砂漠」の方が適切な表記であると考えられる。

いずれにせよ同一写真の説明が教科書間で異なり問題である。また撮影年があるのは**写真**30のみであり、教科書に掲載される写真、とりわけ社会問題や自然災害を表す写真には、撮影場所（国名）と撮影時期（年代）が記載されるべきである。

写真31は「さばく化の進むアフリカ」である。「さばく化」でないことは前述したが、「アフリカ」は国ではなく周辺の島々を含めれば、独立国54か国を含む面積世界第二位の大陸である。正確にはこのような「砂の移動」が見られるのは「アフリカ全体」でなく一部分である。したがって「さばく化の進むアフリカ」のような、アフリカ大陸全体をステレオタイプにとらえた表記は情報としては誤りである。

写真34〜37は青年海外協力隊の活動を示し、現地の人々を「援助される側」「教えられる側」と

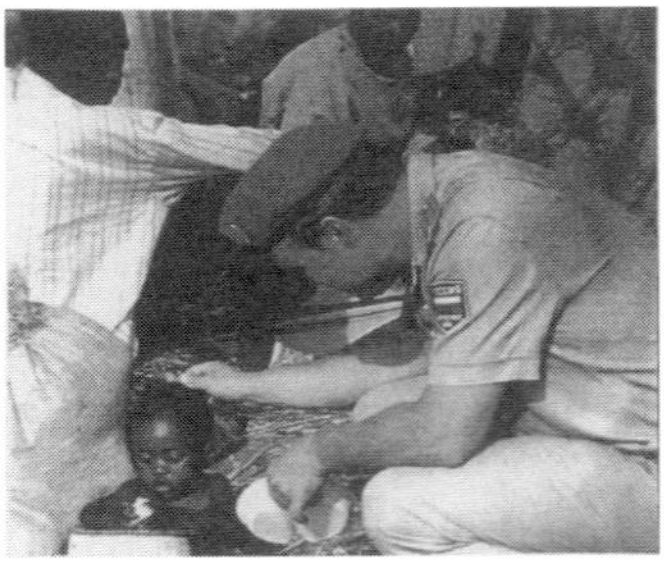

写真26　難民を守る国連の平和維持隊（ザイール）（新⑤ p.50）

写真27　予防接種（ルワンダ）（新⑤ p.54）

写真29　シエラレオネ（新④ p.38）

写真28　ユネスコから配られた黒板（ルワンダ）（新⑤ p.57）

写真31　さばく化の進むアフリカ（新② p.49）

写真30　さばく化（モーリタニア、2002年）（新① p.56）

写真32　おしよせる砂漠（モーリタニア）（新③ p.54）

写真33　広がる砂漠（モーリタニア）（新④ p.55）

写真34　野菜のさいばい指導（マラウイ）青年海外協力隊の活動（新① p.49）

写真35、36　現地の人たちに植林の方法を説明したり、なえ木をわたしたりして活動する渡邊さん（ニジェール）（新④ p.60）

写真37　柔道を教える青年海外協力隊員（ジンバブエ）（新④ p.64）

写真38　エジプト（新③ p.26）

写真40　環境開発サミットのかんげい式典（南アフリカ）（新② p.48）

写真39　ケニア（新③p.26）

して描いている。

写真38・39はエジプト、ケニアで撮影された子どもたちの笑顔がみられる「貴重」な写真である。写真40は南アフリカでの「環境開発サミット」の写真である。新版で二一枚あったアフリカに関わる写真で、これら三枚のみが「マイナスイメージ」でない写真である。

また旧版教科書と同じ写真が使用された例が、写真4と20、写真7と22、写真13・14と33の三つのケースであった。これらの「難民キャンプ」・「飢餓の状況」・「広がる砂漠」は、いずれも時間経過（年代）とともに状況が変化するテーマ（被写体）である。したがって過去の古い写真を、撮影年も明記せずに新版教科書にも使用するのは避けるべきである。

5 「アフリカ」の問題点と課題

●極端に少ないプラスイメージ

以上まとめると、文章表現ではアフリカ諸国をステレオタイプにとらえ、偏見をもっていると考えられる記述がみられた。またアフリカに関わる写真は新旧教科書合計で四〇枚（旧一九枚、新二一枚）であった。そして旧版では一九枚のうち実に一四枚が、また新版でも二一枚中一三枚が難民・飢餓・病気・紛争・環境問題など「マイナスイメージ」を含むものであった。またこれらと重複するが「はげまされ」たり「援助」を受けているようすが二三枚（旧一一、新一二）あった。そして日常生活を描き「子どもたちの笑顔」がみられたのは、四〇枚中わずかに三枚（旧一、新二）しかなかった。

この事実は、同じ教科書で多くのページを用いて日常生活（家族の食事・学校生活・スポーツなど）を「プラスイメージ」で描いた、欧米諸国を中心とした表記（文章・写真）とは大きく異なるものである。アフリカ諸国では、こうした日常の「プラスイメージ」表記がされず、非日常（難民・飢餓・紛争・環境問題など）の「マイナスイメージ」表記が中心になっているのである。

たとえこれらの事象が一時的・例外的・部分的に正しかったとしても、このような教科書では、前述した「偏見や偏狭」（菊池利夫 一九六〇、三〇一頁）、「特定国重点学習による知識の偏在」（正井 一九七九、四頁）や、「地域優劣意識」（山口 一九九八、九七頁）を増大させる危険がある。事実、現場教員からも小学六年生のアフリカ認識では「……いつも十把ひとからげに考え、いずれの国々も飢えと疾病に苦しむ……」という認識しか育っていないとする実践報告がある（横山 一九八九、三〇頁）。

●プラスイメージからのスタートを

ではどのような世界地誌（アフリカ記述）が、小学校段階では「理想」なのだろうか。畔上（一九六七、五六頁）は「誤解や偏見、例外的な事実強調、すでに過去のものとなってしまった視点、そしてそれらの教材間の根底にある、白人優位主義の視点」が、途上国地域の正しい理解を阻害していると述べている。

この指摘からすでに四〇年近く経過した今日でも、これらの問題は一向に解決していないのである。熊谷（二〇〇〇、ii頁）も「第三世界は、貧困や飢餓、社会・政治不安、階層的・ジェンダー的な差別といったネガティブに彩られることが多い。それがたとえ部分的には事実であったとしても、断片的な「問題」のみによって地域の全体像を語ることはステレオタイプを強化・再生産し、それ以上の「理解」を阻んでしまう」と問題提起している。

この二人の指摘は、今後のわが国の地理教育の方向、とりわけ教科書の世界地誌記述のあり方を示唆するものであり、私もこの考えに賛成である。そして特に第三世界が「ネガティブに彩られる」ことを、小学校段階の教科書では「意識的に避ける」ことを提案したい。社会科六年下は「世界地誌のスタート」という大切な意味をもつ。この重要な時期に貧困・飢餓・難民という「重いテーマ」を唐突に突きつけるのは好ましくない。

なぜなら算数（数学）教育でもいきなり応用問題（難問）からスタートはしない。まず基礎事項を理解し練習問題を経て、段階的に応用問題へ進むのである。世界地誌でも初心者には「入門しやすいテーマ＝文化的な事例」（例えば家族、市場風景、町並み、学校のようす、スポーツ）から「応用問題テーマ＝経済活動から発生する社会問題・環境問題など」へと、段階を経て学習を進める必要がある。

●適正な世界認識のために

このような段階を経ることで、世界地誌への肯定的な態度と興味がスムーズに拡大し、小学校高学年（世界地誌スタート）段階で発生する「第三世界への偏見や誤解」が避けられるのである。スタートでつまずかなかった結果として、中学校では「外国地誌を主観的に理解できる」（戸井田二〇〇二、一五頁）ようになり「地理好き」な生徒を増やせるのである。

しかし、現在使用されている社会科六年下ではこの「段階」を考慮せず、アフリカの例で示したとおり、いきなり貧困・飢餓・難民という「ネガティブ＝マイナスイメージ」を強調している。これでは残念であるが学習者の「途上国地域への正しい理解」（畔上 一九六七、五六頁）や「それ以上の理解」（熊谷 二〇〇〇、ii頁）を妨げることになるのである。

前述したとおり、小学校高学年は「地理意識の爆発核心期」（山口 一九九四、一五〇頁）であり、世界認識が飛躍的に拡大する、世界地誌の「学習適期」（戸井田 二〇〇二、一三頁）である。この重要な時期には**マスメディアや大人の情報・偏見に染まっていない、「純粋な子どもたちの世界地誌への興味・関心**[15]**」をできるだけ伸ばしておくべきである。**このような視点から、学習者とりわけ小学生に誤解や偏見に基づく誤った世界認識をもたせないためにも、改めて教科書記述内容を整理する必要がある。その際には文章表現だけでなく写真（どの段階でどのテーマ・被写体を使用するのか）も慎重に選定されなければならない。

6　開発教育という視点

●『世界國尽』のランク付けの反省

第2章（三二頁）で述べたように、福澤諭吉『世界國尽』（一八六九年）では、「文明化＝西洋文明化」の程度により、地域のランク付けが行われていた。福澤はまず「蛮野」と「文明開化」の二つに大別し、次に蛮野を「混沌」と「蛮野」に、文明開化を「未開または半開」と「文明開化」に分けている（表2―3）。

この福澤の世界地誌記述が後の日本社会に与えた影響は大きかった。明治のはじめ以来、異文化にランク付けし、欧米（西洋文明）以外の文化を見下げてきた日本人にとっては、第三世界の住民は「搾取の対象」ではあったが「対等な権利をもつ隣人」ではなかったのである。筆者にはこの誤った世界観＝第三世界蔑視の視点（福澤のトラウマ）が、今も小学校六年下の世界地誌分野に存在していると思えてならない。

これまでの日本の国際理解教育は圧倒的に「先進国地域＝欧米地域＝英語圏」を対象にしてき

表3—9　開発教育の目標

①多様性の尊重……………	開発を考えるうえで、人間の尊厳性の尊重を前提として、世界の「文化」の多様性を理解すること。
②開発問題の現状と原因…	地球社会の各地にみられる「貧困」や「南北格差」の現状を知り、その原因を理解すること。
③地球的諸課題の関連性…	開発をめぐる問題と環境破壊などの地球的諸問題との密接な関連を理解すること。
④世界と私達のつながり…	世界のつながりの構造（相互依存）を理解し、開発をめぐる問題と私達自身との深い関わりに気づくこと。
⑤私達のとりくみ…………	「開発」をめぐる問題を克服するための努力や試みを知り、「参加」できる能力と態度を養うこと。

出典：開発教育協議会ホームページ http://www.dear.or.jp/（2006. 2. 12現在）による

た。ごくまれに欧米（西洋文明）以外の地域に目を向けることがあっても、それは興味本位の「見下げた」「蔑視」の視点でしかなかった。今こそこのことへの反省が必要である。

●欧米志向からの転換を

開発教育は「南北問題の解決をめざす、南北問題を中心においた国際理解教育」である（西岡 二〇〇一、一四頁）。具体的な目標には表3—9の五項目がある[16]。中でも特に項目①の「多様性の尊重」は、福澤に欠けていた視点である。つまり、文化や文明をランク付けするのではなく、異文化住民を対等で同じ生命・人権をもつ人間として認める姿勢「文化相対主義の視点」を重要としている。少なくとも教科書の世界地誌に関わる内容は、「多様性の尊重」の視点に立って記述するべきである。

　さらにこのような開発教育の視点は、福澤が唱えた「欧米志向の地理教育」を転換し、第三世界（地域）へ目を向

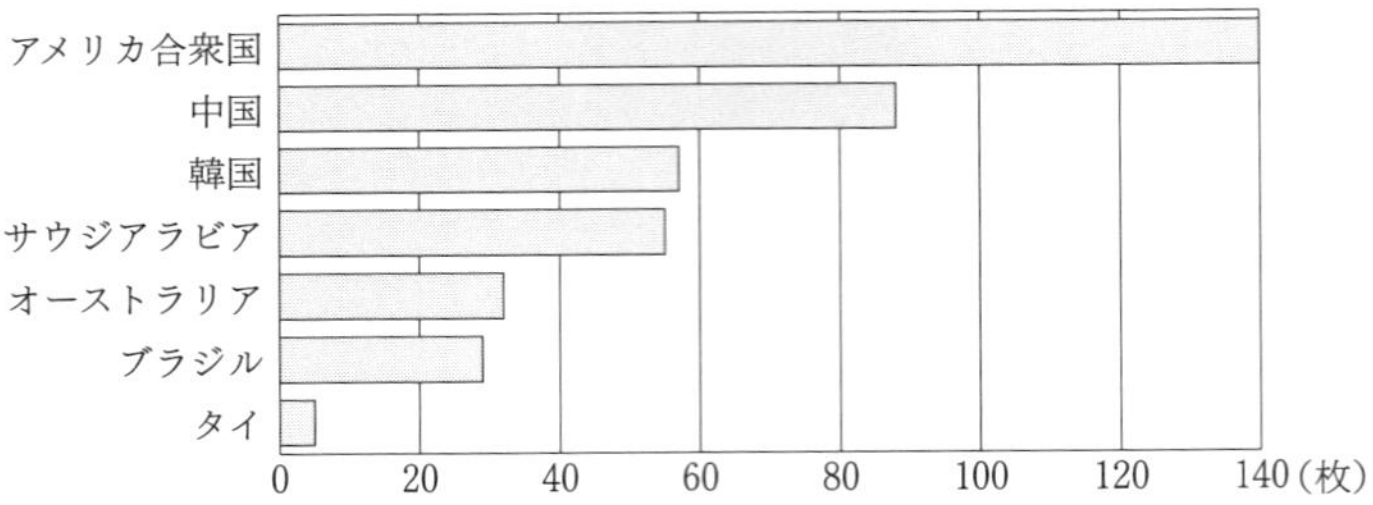

図3―2　詳細記載国の写真枚数（表3―7と表3―8の合計）

けることをわれわれに迫っている。これに対応し、教科書では従来の「欧米（西洋文明）中心の事例」を改めるべきであると私は考える。

今回の検討でも、「詳細記載国」の中でもアメリカ合衆国の写真数は極端に多い。同じ「詳細記載国」のタイと比較しても大きな格差がある（図3―2）。どの教科書も特にアメリカ合衆国の分量はもっと減らすべきである。なぜなら欧米の情報は、日常のニュースやマスメディアにあふれているし、また外国語（英語）教育でも、英語圏を中心とした地域が多く登場するからである。

●第三世界への偏見をもたせない工夫

この地域情報のアンバランスを正常な状態に戻すためにも、教科書にはアフリカを代表とする第三世界（地域）の表記を意識的に増やし、現地住民の日常生活がみえるテーマの話題・写真、正確な地図（西岡 二〇〇四a）を記述するべきである。そして限られた教科書の貴重なページは、特定の国や地域のみに配分されるのではなく「地域バランス」を十分に考慮し、世界地誌への入門＝「さまざまな地域への対等な興味・関心が育つ記述」を第一に優先してほしい。
またその際には、意識的に「マイナスイメージ」を助長するような内容は避ける必要がある。特に世界地誌の入門期である小学高学年では、「純粋な子どもたちの世界への興味」「地域バランスのとれた世界認識」を伸ばし育てる視点が導入されるべきである。

●暗黒大陸は日本の問題となった

アフリカは長いあいだ「暗黒大陸」と呼ばれてきた。だが、暗黒だったのはアフリカではなく、この大陸についての知識だったのである[17]。そしてヨーロッパにおけるアフリカについての誤った情報問題は、本質的にはヨーロッパの問題である[18]。

明治のはじめ福澤は、当時の欧米から入手した地理・歴史書を翻訳し、紹介するという形で『世界國尽』＝世界地誌を著した。したがってこのような福澤の視点は、当時の欧米人の世界認識を反映したものであり、福澤一人に原因があるのではない。しかしその結果、世界地誌の記述は地域・国家のランク付けから始まってしまった。

そしてその後、この福澤により間接的に日本に持ち込まれた「ヨーロッパ人の世界認識」は、「日本人自身の誤った第三世界認識」となった。つまり、**日本における第三世界についての誤った情報問題は**、今日では**実質的には**「日本の問題」なのである。そしてそれは現在の「日本の地理教育のかかえる問題」でもある。

寺本潔（一九九〇、一三八頁）は、日本の中学生はすでに小学生までに共産圏忌避、第三世界軽視、そして欧米重視の世界観が形成されつつあるとしている。また大谷猛夫（二〇〇三、一九頁）は、近年の地理教育の縮小を危惧し、「日本中の中学校でＡＡＬＡ諸国のことを学ばない、という時代がやってくる。こんな状況を放置しておくことはできない」と述べている。今日においても世界地誌記述の結果が、学習者の世界認識形成に悪影響を与えているのである。このことをふまえた今後の地理教育、とりわけ世界地誌にかかわる教育のあり方が問われている。

●第三世界の復権を

福澤が生きた一九世紀後半とは異なり、二一世紀の私たちは第三世界（地域）との関係を、より一層深めながら国際化した時代に生活している。西川（二〇〇〇、二五四頁）は、人類の新しい将来の道を開くためには、「ヨーロッパ近代」によって否定されてきた第三世界の復権こそが必要であるとし、今後の地誌教育の役割を示している。私もこの意見に賛成である。

開発教育の視点を積極的に取り入れ、第三世界の開発問題を教材化することで、南北問題の社会構造に焦点が当たり、途上国の地域性理解が可能になる。その結果、「第三世界の復権」（西川二〇〇二、二五四頁）が可能となり、福澤以来の第三世界（地域）への偏見を取り除けると私は考えている。

グローバル化・環境問題・民族問題・貧困と紛争……と激動する現代社会の中で人類の未来は、同じ「宇宙船地球号の乗客」として、異文化理解を乗り越え「多文化共生の価値観」を共有できるかどうかにかかっている。大宇宙の小さな存在＝「同じ地球人」の視点が必要となる。

南北問題の解決に正面から取り組む、開発教育の視点を日本で拡大することが、「国益」のみを優先してきた明治以来の偏狭な日本人の世界認識を変革し、地球益＝「南北問題の解決」「地球全体の開発」の分野で活躍できる人材の育成に結びつくと考える。

私たちが国際社会から尊敬されるためには、第三世界への対等な世界認識をもつ人材を育てなければならない。そのためには明治初頭、福澤以来の「欧米志向の世界地誌」を乗り越え、開発教育の視点を積極的に導入・拡大することが不可欠である。しかし開発教育でとりあげる南北問題は「重いテーマ」である。したがって学習者にはこれを受け止める準備＝「世界認識の土壌」が必要である。この「世界認識の土壌」は、世界地誌の入門から段階を経て育成していくものである。

世界地誌がスタートする小学校教科書六年下においては、一層「地域バランスのとれた世界認識」をめざした世界地誌記述が必要となる。ゆえに地理教育、特に「スタート段階の世界地誌」に課せられた使命は、きわめて大きいのである。国際社会において果たすべき役割を、地球的視野に立って真剣に議論できる人材を、このような地理教育を通して育成していきたい。

7　子どもたちに「学習権」を

●学習権と子どもの権利

一九八五年第四回世界成人教育会議で採択された学習権宣言は、「学習権なくしては、人間的発達はあり得ない」と決議した。これはすべての人類にとって「学習権は人間の生存に不可欠な手段」として重要な意味をもつことを明らかにした（佐藤　一九八九、二二頁）。

一九九四年四月ようやく日本で批准された「子どもの権利条約（児童の権利条約）」第一七条には「締約国は、マスメディアの果たす重要な機能を認めて、子どもが多様な国内的および国際的な情報源からの情報および資料、特に自己の社会的、精神的および道徳的福祉ならびに身体的および精神的健康の促進を目的とした情報および資料を利用できるよう留意しなければならない。……」とある（柿沼ほか　一九九一、一八六頁）。これは、子どもの学習権を保障する意味から、教科書を含めたマスメディアの社会正義に反しないあり方を訴えている。

●「世界の真実」を学ぶ権利

いいかえると、「世界の真実」を学ぶ権利の重要性を改めて再確認した宣言である。この視点から開発教育の手法を取り入れた地理教育を、「教える側」からの一方的なアプローチだけでなく、地理（世界地誌）学習を「学ぶ側」から考えることも大切となる。

しかし、現在のように世界地誌が衰退しているのでは、子どもたちへの「多様な国際的な情報源からの資料や情報」の提供は、不十分である。

これは「学習権の侵害」になる。自分たちと異なる文化の存在、異なる経済状態・貧困に苦しむ人々が、同時代にこの瞬間、同じ地球上に「存在」することを知ることは、重要な「知る権利」として保障されなければならない。

したがって、もしも「途上国の現状」「途上国と先進国の関係」など、今日の人類が抱えている地球規模の課題、とりわけ南北問題・第三世界の世界地誌をきちんと学べない、学ぶ機会がない・教材がない・教師もいない（地理を大学で専攻した教員の採用が極端に減少している）状況に子どもたちが存在するなら、それらは子どもたちに「地理学習への学習権」が与えられていないことになる。

●責任ある「先進国」として

今まで教育の分野では公にされなかった、先進国と開発途上国の不公正な関係も、「学ぶ側の権利」として明らかにされなければならない。具体的には、企業利益優先の途上国における経済搾取の状況、先進国による熱帯林の過剰伐採に苦しむ原住民の実態などの社会矛盾を「知る権利」「情報公開を請求する権利」が考えられる。

さらに、ODA（政府開発援助）やNGO・NPOの援助の「実態」から、国際協力のあり方を問い直すことが必要となる。[19]

例えば援助の失敗や不正義が隠されたり、利益のみを優先する企業の、開発途上国での社会正義に反する行為が報道されないのは、開発教育が育っていくことにはならない。また開発途上国に関する内容のマスコミ報道において、興味本位に悲惨さ（マイナスイメージ）ばかりを強調する広報にはストップをかける必要がある（甲斐田 一九八六、三六〜四六頁）。すでに述べたように、教科書における「表記」にもこのことは当てはまる。

社会の不正義がまかり通るような援助の実態[20]や、途上国の人々の犠牲の上に成り立っている先進国の繁栄の事実等を正しく知り、正しく学ぶ権利、などが今後の地理教育をめぐる学ぶ側の「学習権」として整理されなければならない。

●広く世界を概観する世界地誌を

仮に現在の日本がこれに当てはまるとしたら、責任ある「先進国」として、すべての子どもにきちんと学習権（世界地誌を学ぶ権利）を、保障できていないことになる。このような国は「先進国」とまだ呼べないのかも知れない。少なくとも「先進国」と呼ぶには、「学習権」という分野において、まだ成熟できていないのである。

近年地理教育が衰退し、三〜四つの国を学ぶだけの世界地理が一般的になり、小・中学校の教科書からトータルな世界地誌がなくなった（第3章3参照）。このように子どもたちから「バランスよく全世界を概観する学習機会」を奪ったことは、これまで述べてきた理由から考えて重大な誤りである。また同様に、高校で地理が必修科目から選択科目に「格下げ」となったことも、大きな弊害をもたらしている。

多文化を尊重する態度を養う「異文化理解＝違いを認める」には、できるだけ多くの「自分たちと異なる文化の存在を知る」ことの意味が大きい。したがって、異文化理解の側面からも、世界地誌教育が再評価されるべきだと私は考える。

（1）社会科教科書六年下では、前半ページが政治、後半ページが世界地理分野の内容になっている。本稿で検討したのは後半の内容である。

（2）開発教育の目標・定義にはさまざまなものがある（西岡 一九九六、八〇〜八五頁）。筆者は開発教育を「南北問題の解決をめざす、南北問題を中心においた国際理解教育」と定義してきた（西岡 二〇〇一、一四頁）。なお本稿で使用する「開発教育」は、明治初期に紹介されたペスタロッチなどの「開発教育」とは異なる（田中耕三 一九九六、二七〇頁）。

（3）ただし、もう一つの教科書である「地図帳」の使用開始は四年生からである。したがって教員によっては、意欲的に地図帳を活用し、子どもたちが世界地図に接する機会を、六学年後半以前に設けている場合も考えられる。けれども多くの場合は「地図帳」を十分に活用できていない。

(4) 文部科学省『小学校学習指導要領社会編』(一九九九年発行) 一五五頁。

(5) 一学年で地理分野を、二学年で歴史分野を学習する場合 (ザブトン型カリキュラム) と、一〜二年で地理分野と歴史分野を、並行して学習する場合 (π型カリキュラム) がある。どちらの型も三学年で公民分野を学習する。ただし各学校の事情により異なる場合もある。

(6) 文部科学省『中学校学習指導要領解説―社会編―』(一九九九年発行) 一八二頁。

(7) 朝倉隆太郎 (一九五五)「高等学校の地理教育」日本地理教育学会編『新地理教育』所収、金子書房、一八四頁。

(8) 前嶋郁雄 (一九九五)「地理写真とカメラ」『地理』四〇巻五号、三八頁。

(9) **写真**16 (旧④五二頁) セネガルの写真は、厳密にいえば二枚だが、同じテーマの組写真で、しかも一部が重ねて記載されているためここでは一枚に数える。

(10) 旧①にある**写真**2・13・15の三枚は、指導書にも撮影場所 (国) の解説はないが、**写真**2は**写真**6 (旧③四六頁) に同じであることから判断し、コンゴ共和国であることがわかる。**写真**13は**写真**14 (旧②四五頁) に同じでチュニジア、**写真**15は高校地理A (教育出版・二〇〇二年検定版) の口絵11に同じものがあり、その説明からガーナであることがわかる。また**写真**4 (旧②二七頁) は、教科書には撮影国がないが、教師用指導書・第二部朱書編、二七頁よりエチオピアであることがわかる。旧⑤の**写真**8・9・10は指導書にも撮影場所の記載がなく不明。**写真**18は指導書にケニアという説明がある。いずれにせよこれら八枚の写真は、教科書を使用する学習者には撮影国がわからない。

(11) 検診とは「病気の有無を検査する診察」の意味で、**写真**10は検診ではない可能性が高い。飲み物を飲ませているようすと考えられる。

(12) 注(10)写真15の説明参照。
(13) 写真31は写真30・32と同じでモーリタニア、写真23は人物から判断。
(14) 浮田典良編(二〇〇三)『最新地理学用語辞典(改訂版)』大明堂、一〇四頁。
(15) 小学校四年生初期までは、動物の国としてのイメージもあり、アフリカ(国ではないが)を好きな国としてあげる子どもたちも多い。しかしそれ以降は大人やマスコミの影響で「途上国蔑視」「欧米志向」が固定化する(山口 一九九四、一三五頁)。
(16) 開発教育協会ホームページ http://www.dear.or.jp/ 参照。
(17) 森本哲郎編(一九七九)『NHK文化シリーズ・歴史と文明、埋もれた古代都市第六巻、アフリカ古王国の秘密』集英社、一頁。
(18) O・オスラー編、中里亜夫監訳(二〇〇二)『世界の開発教育―教師のためのグローバルカリキュラム―』明石書店、一九七頁。
(19) 日本のODAの課題をあげて、問題点を指摘したものには、鷲見一夫(一九九二)『ノーモアODAばらまき援助』JICC出版局、フランツ・ヌシェラー著、佐久間マイ訳(一九九二)『日本のODA、開発援助・量と質の大いなる矛盾』スリーエーネットワーク、村井吉敬編著(一九九二)『検証・ニッポンのODA』学陽書房などがある。
(20) 映像文化協会(一九九五)「教えられなかった戦争・フィリピン編、侵略・開発・抵抗」映像文化協会製作ビデオ。

シルエットクイズ③半島名

ほぼ上が北です。図法・縮尺は一定ではありません。
●は首都もしくは主な都市を示しています。

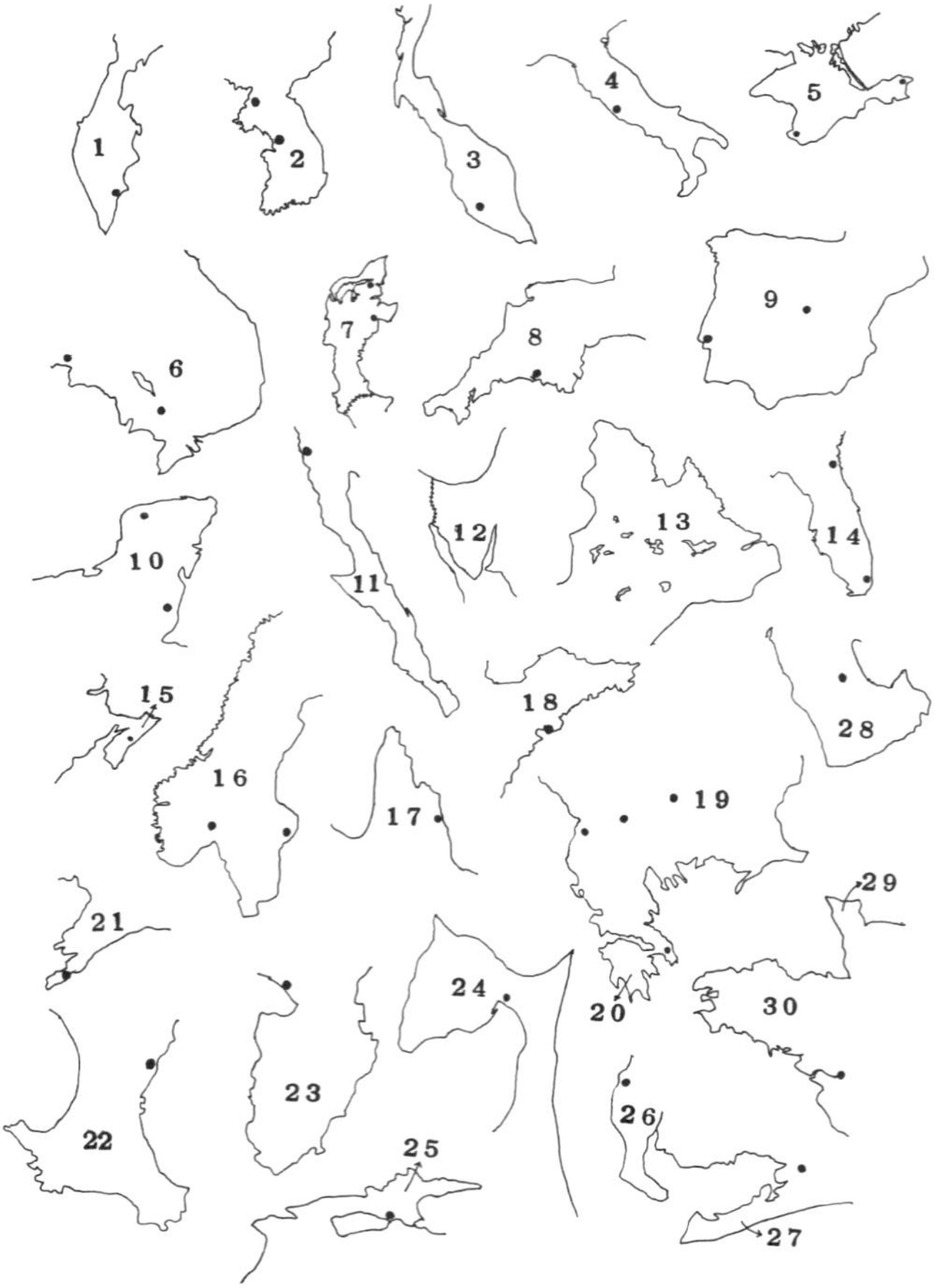

4 開発教育という視点——これからの国際理解へ——

1 国際理解教育の歴史

●本当の国際理解教育への出発点

第3章では小学校六年生教科書で、第三世界へのネガティブな面が強調されているため、この地域への対等な認識が育ちにくいことを述べてきた。世界地誌への入門・スタートの大切な時期に、「飢餓・貧困」などのテーマは重く、子どもたちの「地域への理解・関心の芽」を摘んでしまうというのが私の考えである。けれどもやがて子どもたちが、中学・高校と進むにつれ「入門」から「応用問題」へと、内容もレベルアップが必要になってくる。

本章では国際理解教育の歴史をふり返り、最も新しい視点は「開発教育」であることを指摘した。この開発教育では、南北間の経済格差の解消・貧困撲滅をめざしている。

いうまでもなく、南北問題は複雑な社会構造の問題であるが、「入門」から「応用」へと進む世界地誌の学習では、避けて通れないテーマである。私はこの第4章を、世界の現実（経済優先社会の不正義）に目を向けるヒントにしてもらいたい。そして、読者の皆さんの「貧困撲滅への社会行動」へ向けた、これからの国際理解へのきっかけになることを期待している。

●ユネスコの国際理解教育

前世紀（二〇世紀）は、人類史上初めて二度にわたる世界大戦を経験した世紀であった。

一九四六年にスタートした国連の《ユネスコ憲章》前文は、「……**戦争は人の心の中で生まれるものであるから、人の心の中に平和の砦を築かなければならない**……」と訴え、ユネスコは「国際理解のための教育」を展開しようとした。しかし、国際情勢の変化（米ソ二大陣営の利害・第三世界の台頭など）で、この教育の目標や理念は微妙に変化し、呼称も変更された（表4―1）[1]。

具体的には、一九五〇年代は大戦の反省から世界市民性教育が唱えられた。しかし六〇年代に東西冷戦が深刻化すると、平和教育が強調された。また、第三世界（非同盟）勢力の台頭や、公民権運動の影響で「協力・自由・人権」などの語句が入れられた。

表4―1　ユネスコと国連の国際理解に関する教育の呼称変化

①1947年～	国際理解のための教育
②1950年～	世界市民性教育
③1953年～	世界共同社会に生活するための教育
④1955年～	国際理解と国際協力のための教育
⑤1960年～	国際理解と平和のための教育
⑥1960年頃～	国際協力と平和のための教育
⑦1974年～	国際理解、国際協力及び国際平和のための教育並びに人権および基本的自由についての教育
⑧1994年～	平和、人権、民主主義のための教育
⑨2005年～	国連・持続可能な開発のための教育の10年

出典：田中治彦（1994）『南北問題と開発教育』亜紀書房，pp. 170-171に加筆。

その後、環境問題と南北問題の深刻化で、七二年ストックホルム宣言や、九二年リオデジャネイロ・地球サミットで「環境」や「開発」が注目され、二〇〇二年ヨハネスブルグ・環境開発サミットを経て、今日では「持続可能な開発 sustainable development」が、国際理解教育の理念に加わっている。

●ユネスコ教育勧告

一九七四年ユネスコ総会において加盟国は、「国際理解、国際協力および国際平和のための教育、並びに人権及び基本的自由についての教育に関する勧告」（略称「教育勧告」）を採択した。これは、国際理解のための教育について総括する意味がある。

表4―1で、⑦の「国際理解、国際協力および国際平和のための教育、並びに人権および基本的自由についての教育」というのが、その時点までのこの教育を総括した名称であり、

略して「国際教育」と呼ばれ今日に至っている。「国際理解教育」は、狭い意味では④一九五五年～の「国際理解と国際協力のための教育」をさしてきた。そして今日では、国際理解に関わる教育には、表4—2のように、さまざまなもの（呼称）がある。

表4—2　国際理解に関わる教育（五十音順）

異文化間教育
異文化理解教育
海外子女教育
開発教育
開発のための教育
環境教育
帰国子女教育
グローバル教育
現地理解教育
国際化教育
国際教育
国際理解教育
人権教育
多文化教育
地球市民教育
平和教育
ワールドスタディーズなど

出典：西岡（2001, p.12）

日本ではこれらの教育を、便宜的に「国際理解教育」と総称し、教育理念の歴史的変遷を十分に議論・検討せず、「用語」として受け入れてしまった経過がある。私たちはもう一度世界全体の大きな歴史変遷の中で、これらの流れを把握しておくことが必要となる。

●知識理解から参加へ

ユネスコ『教育勧告』（一九七四年）には、国際教育の指導原則が表4—3のように示されている[2]。この中で特に注目されるのは⑦の、「……諸問題の解決に参加する用意を持つこと……」の部分である。これは単なる知識理解ではなく、より積極的な「参加」の必要性をあげている点が評価できる。「知識理解」から「参加型」へと変化してきたことを示し、人類が直面している諸問

表４―３　ユネスコ「教育勧告」の指導原則（1974）

①全ての段階および形態の教育に国際的側面と世界的視点（global perspective）を持たせること。
②全ての民族・その文化・文明・価値および生活様式（国内の民族文化および他国民の文化を含む）に対する理解と尊重。
③諸民族および諸国民の間に世界的な相互依存関係（global interdependance）が増大していることの認識。
④他の人々と交信する能力。
⑤権利を知るだけでなく、個人・社会集団および国家にはそれぞれ相互に負うべき義務があることを知ること。
⑥国際的な連帯および協力についての理解。
⑦一人ひとりが自分の属する社会・国家および世界全体の諸問題の解決に参加する用意を持つこと。

出典：大津和子（1992）『国際理解教育―地球市民を育てる授業と構想―』国土社，p.155。

題解決に向けて積極的な活動参加が重要視されてきた。

最も新しい国際理解教育は、⑨国連・持続可能な開発のための教育の一〇年（二〇〇五〜二〇一四年）で登場した「持続可能な開発のための教育」である。ここには「開発」の視点が初めて含まれている（表４―１）。

冷戦構造が終焉を迎えた今日、東西問題に代わって、南北問題の解決が全人類の最大かつ緊急の課題となった。しかし、残念ではあるが大国の利害関係で展開されてきた、①〜⑧までの国際教育・国際理解教育では、解決への解答は得られない。つまり従来の国際教育・国際理解教育は、その役割を終えようとしている。

開発教育はこのようなポスト冷戦時代、新経済秩序時代の「地球規模の課題解決」に応える新たな教育理論なのである。

2　南北問題の拡大のなかで

●開発教育の起源

開発教育（development education）という用語が公式に使用されたのは、一九七〇年一〇月にスウェーデンのベルゲンダルで開催された、ユネスコとＦＡＯ主催の「学校教育における開発教育ワーク・ショップ」が最初である（草地 一九九〇、三六頁）。しかし、開発教育の必要性に対する認識は、ヨーロッパではそれ以前から存在していた。

第二次大戦中ナチスドイツに占領されたギリシアでは餓死者が出た。この救援を目的に、イギリスで結成された海外援助市民団体ＯＸＦＡＭ（オックスフォード飢餓救援委員会）は、第二次大戦後のイギリスにおける開発教育をリードした活動を行なってきた（松井 一九九〇、四〇～四九頁）。

オランダでは開発教育推進の民間機関で非宗教系ＮＧＯ（非政府組織）のＮＯＶＩＢ（オランダ国際開発協力組織）が、一九五六年に設立されている。敗戦で飢えていたドイツでは、各国からの援助のパンが届き、多くの子どもたちが「給食」で救われた。この経験から、途上国の人々とパンを分かち合おうという運動から、「世界のパン」（ＮＧＯ）が一九五九年に設立した。(3) しかし現在、開発教育の最も盛んに行なわれているヨーロッパ諸国においても、その概念が構築されるに至ったのは一九六〇年代後半のことである。(4)

●第三世界と南北問題

その背景には、第二次大戦後に新たな独立国が誕生してきたことがある。一九四〇年代の後半～五〇年代にかけて独立した国が比較的多いアジアに対して、アフリカ大陸では六〇年代以降に独立した国が多い。

これらの新しい「南」の国々は、米ソどちらの陣営にも属さない、第三の勢力となり「反植民地主義」「非同盟諸国」として団結するようになった。一九五五年四月には「第一回アジア・アフリカ会議」をインドネシアのバンドンで開催した。この会議は有色人種が中心となって開催された、人類の歴史上世界最初の国際会議であった。このころからこれらの「南」の国々は「第三世界」とも呼ばれ出した。この語源は、フランス革命期の「第三身分」にある。長い間、植民地支配（大国への苦い従属）を経験させられた、途上国の民衆を、将来の世界変革の主体となる期待を込めて「積極的意味」で呼んだのが始まりである（室井 一九九七、二八

オリバー・フランクス
(1905～92)
出典：室井（1997, p.4）

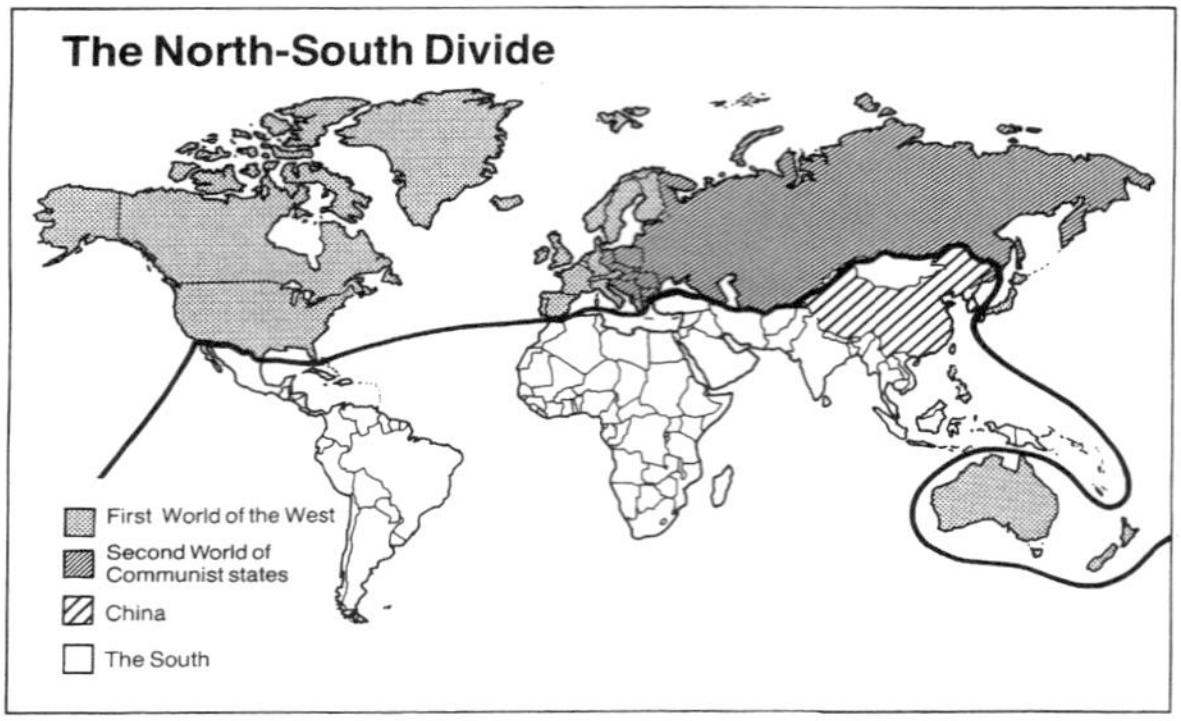

図4―1　世界地図でみた「南北」の地域区分
出典：Guy Arnold (1989), *Third World Handbook*, Cassell Educational Ltd., London, p.42.

頁）。

同様に「南北問題」という用語が使用されるのも、この時期からである。一九五九年イギリスのオリバー・フランクス英国ロイド銀行会長（当時）が講演で使用したのが、最初とされている（室井　一九九七、四頁）。

●「カラチ・プラン」の教訓

一九六〇年代には、第三世界（途上国）を対象にした教育の変革に関する動きがあった。ユネスコが一九五九年一二月から六〇年一月、パキスタンのカラチで開催した「初等義務教育に関するアジア地域ユネスコ加盟国代表者会議」である。この会議において「カラチ・プラン」が採択された[5]。

その内容は、向こう二〇年間（一九八〇年まで）に、「アジアの全ての国民に、最低七か年の無償義務教育」を普及するという壮大なものであった。しかし、このプランの実現は、決して容易なものではなかった。アジアの国には、いまだに「非識字の撲滅」が最大の課題である国から、大学教育が大衆の手に届くところにきている国まで、その格差は予想外に大きかった（馬越 一九八九、四三頁）。この失敗は、先進国主導の開発途上国への現状認識がいかに甘かったかということを教訓として残した。

義務教育・学校教育制度という西洋文明・文化の価値観を、全ての地域に「安易」に当てはめようとしたことが、失敗の要因である。

つまり、「西欧型の幸福が万国共通の味がするとは限らないし、幸福を手に入れる手段も多様なのである。（ヴェルヘルスト 一九九四、一七頁）」子どもは学校へ行くより、家庭で労働してくれる方が「幸福」に近づけると考える両親も多い。「開発」とは、土着の伝統や文化をただ単に低開発と決めつけて、西洋文明・文化の価値観だけを押しつけることでは成功しないのである。

●帰国ボランティアから誕生した開発教育

カラチ・プラン採択の翌年、一九六一年一二月には、J・F・ケネディ米大統領が国連総会で提案し、南北問題の解決をめざす、「第一次国連開発の一〇年」がスタートした。

これに呼応し民間・政府を問わず海外援助組織が先進各国で活動を始めている。一九六〇年カナダの「CUSO」[6]、一九六一年アメリカ合衆国の「青年平和部隊」、一九六三年フランスの「人間の大地」、一九六五年日本の「青年海外協力隊」などがそれである。ほぼ同時に、欧米ではこれに連動して「第三世界」への関心が一挙に高まったことがわかる。

一九六〇年代の半ばにはカナダでCUSO帰国ボランティア（OBやOG）の活動の中から、開発教育が始まっている。日本でも青年海外協力隊の帰国者（OBやOG）の中から、第三世界への関心をもっと高めようという動きがあり、一九七七年に『新たな開発教育をめざして』がJOVC（青年海外協力隊事務局）から発行されている。このようにカナダと日本には一〇年以上の隔たりがあるが、出発のきっかけには共通点がある。

わが国の場合も、当時の文部省（現文部科学省）が音頭をとって、学校教育に導入されてきた国際理解教育とは、大きくスタートが異なる。いいかえれば「上からの教育」ではなく、「草の根的」に「民間NGO」から始まった「下からの教育」なのである。

いずれもボランティア活動において第三世界の実状にふれた若者が、再び先進国の生活に戻った時点で、開発途上国と自国のギャップに「大きな矛盾」を抱いたことが開発教育の萌芽に結びついたのである。

J. F. ケネディ（1917〜63）
出典：室井（1997，p.29）

人々を助けるためには、何より第一に「途上国の実情を知らせる」必要があるという思いが、開発教育の誕生となったのである。

やがてこれらは、第二次大戦直後から欧米諸国にあった、民間団体や宗教を母体としたNGOと活動を連動していく中で、大きな「教育運動」へとすすむ。貧しい国を助けるためには、「不公正な経済体制を変革すべきだ」という方向に発展していくのである。

3　日本の開発教育

●日本における開発教育のスタート

日本では、一九七〇年代中期から一九八〇年代に入り、開発教育の用語が徐々に使用されるようになった。わが国で最初に開発教育という用語を使用したのは、中央青少年団体連絡協議会である。中央青少年団体連絡協議会の資料の大部分は、世界青年会議（WAY）などが発行した資料や調査報告などからの翻訳である。[7] 報告書類・記事のタイトルとして「開発教育」が登場したのは、中青連ニュース第七六号「開発教育に関するワークショップ・国連合同広報委員会の提案」（一九七五年一〇月発行、二二～二八頁）が最初である。

一九八二年一二月には開発教育協議会（二〇〇二年一二月より開発教育協会）[8]が結成され、学

開発教育協会発行の機関誌「DEAR News」

校のみならず、ＹＭＣＡなどの社会教育やＮＧＯも含めて、活発な交流がなされている。

　また関西では関西国際協力協議会が一九八七年に結成され、その後関西ＮＧＯ協議会・アジア・ボランティアセンター（ＡＶＣ）(9)を中心に、「関西ＮＧＯ大学」や「開発教育推進セミナー」が開催されている。「まず現地を訪ねよう」というスタディツアーも、毎年多くの参加者を集めている。ＮＧＯ、ＮＰＯのネットワークの広がりは、多くの若者に草の根的に、着実に拡大しつつある。

　そのステーションでもある関西セミナーハウス(10)には、「開発教育資料センター」が設立され、国内外の開発教育関係の文献や、雑誌・テキスト類が収集され、貴重な資料・情報交換の場となっている。ちなみに私自身も、関西ＮＧＯ大学の二期生であり、関西セミナーハウスでは多くのことを学んだ。

●「持続可能な開発」の意味

一九八七年「環境と開発に関する世界委員会（ブルントラント委員会）」が報告書[11]で使用した「持続可能な開発＝sustainable development」という概念は、一九九二年のリオデジャネイロ・サミットを経て、国際的合意となった。この「持続可能な開発」は、**人類史上「最も挑戦的な課題」であり、この実現なくして人類の未来はない。**

しかしこれには、相反する二つの事柄を実現するという概念が含まれている。つまりsustainには「現在の状況を維持する」という意味があり、developmentには、「現在の状況を変える」という意味が含まれている。したがって、環境に関してはsustainしながら、貧困からはdevelopmentして地球全体を「開発」していこうという概念であると考えられる。

この「持続可能な開発」の定義には、三つの領域（表4―4）がある。

一九九三年一一月に施行された、わが国の環境基本法に「持続可能な開発」の理念が盛り込まれ「持続可能な開発」の用語が国内でも次第に広まってきた（『朝日新聞』一九九四年五月七日付記事）。「開発」「持続可能な開発」への関心がさらに拡大し、開発教育が市民権を得ることを期待したい。

表４―４　「持続可能な開発」の三つの領域

①世代間の公平のため、将来の世代の欲求を満たしつつ、現在の世代の欲求も満足させるような開発。
②地球環境の容量を重視し、生態系が支える維持能力の中で生きながら、人類の生活の質を改善する。
③先進国の異常な高消費が地球環境破壊の主因と指摘し、平等を実現することが持続可能性の中心である。

出典：『朝日新聞』1994年５月７日付記事

●期待される日本の立場

実は、この「持続可能な開発」は、日本が国連に提唱し組織された「環境と開発に関する世界委員会の成果」であり、今後もこの分野で「日本のイニシアチブ（主導的役割）」が注目されている。[12] 一九九七年地球温暖化防止会議が、日本の京都市で開催されたのも、世界各国の日本に対する期待の現れである。

この理想の実現には、「人類全体の意識改革」が必要となる。そしてこのような意識変革は「教育」によって初めて可能となる。二〇〇二年ヨハネスブルグ・サミットでは、日本政府は日本のＮＧＯと共同して「国連・持続可能な教育の一〇年」を提案した。これは予想以上に各国の強い支持を得て、二〇〇二年国連総会で実施が決定された。環境だけでなく教育分野でも日本への期待は高まっている。欧米でなく、第三世界＝アジアの日本で「持続可能な開発」の理想実現に向けた「開発教育」が発展することは、人類史上大きな意義を持つのである。

●学校教育現場と開発教育

けれどもこのような日本政府の努力にもかかわらず、日本の教育現場においては、開発教育の前途は多難である。開発教育は、民衆の意識改革から社会変革をめざした「教育運動」の性格を持っている。これは保守的で、変化を歓迎しない日本の教育・日本社会にはなじみにくい側面がある。つまり、開発教育は日本などの先進国の責任（国益・経済優先の政治・社会構造）を問うている。また「南」の国の政治・社会構造にふれることがあるため、文部科学省はこの教育の導入には消極的な態度をとってきた[13]。さらにこれまでの国際理解教育には「総合科」的に、既存のどの教科でも実施していこうという実践が多かったため、専門家の養成が重視されてこなかった点がある。

例えば学習指導要領「高校・地理B」では、政治的・経済的内容は「地域性を理解するのに必要な範囲にとどめること[14]」とし、なるべく「深入り」を避けるように「指導」している。したがって南北問題を学習しても、その原因となる「社会構造」までふれられない。その結果「貧しい国の人たちはかわいそう」「私たちは先進国に生まれてよかった」で終わってしまうことも多い。先進国の仲間入りをしたはずのわが国の教育現場は、その責任を十分果たせず、むしろ時代の流れと逆行している。

開発途上国（第三世界）の状況を詳細に学習していけば、経済を優先してきた先進国企業による環境破壊・公害輸出、さらにＯＤＡ（政府開発援助）の矛盾等が暴露されてくる。これを突き詰めていけば、先進国側の責任（南北問題における社会構造の不正義の存在）が言及されることになる。しかし、この「不正義をなくす努力」を避けていたのでは、南北問題も環境問題も解決しないのである。学校教育現場に開発教育を導入していくことは、「不正義をなくす努力」の第一歩となるといえる。

●国家間における援助と開発教育

国家間における「援助」の意味は、余裕のある国が困っている国を支援し助けることである。つまり、被援助国内で援助を必要とする人々が、現在何らかの理由で困難な状況にあるのを、「援助」を行なって困難から解放することである。しかし、ここで忘れてはいけないのは、困っている国（被援助国）の国内には「困っていない人」も存在することである。

さらに多くの場合このような「困っていない人」が、その国の政治・経済の支配者階級である場合が多い。つまり「困っていない人」が強い発言力を持ち、政権を担当し政策を実施しているのである。したがって「国家（政府）レベル」の取り決めをもとに実施されるＯＤＡでは、「本当に困っている人」の実態がなかなか見えず、そこまで援助が届かずに、むしろ「困っていない人」へ援助が流れてしまう問題が発生することもあった（西岡 一九九三、二二六〜二二七頁）。

具体的には、先進国の援助が、「開発独裁」と呼ばれる開発途上国の政権を支えてきた歴史上の事実がある。例えば過去には、大韓民国の朴政権、フィリピンのマルコス政権、インドネシアのスハルト政権、タイのサリット政権などである。近年では、ミャンマーの民主化運動を弾圧する軍事政権に、国民民主連盟（NLD、代表：アウンサンスーチー）の中止要請を無視して、ODAを実施してきた例もある。

いずれも日本からのODA（政府開発援助）がこれらの政権維持に、深く関わったことは否定できない。先進国からの援助に大きく依存した開発体制の実施が、結果的に国家資金の配分や政策決定の権限を、特定の政治指導者や権力集団に集中させ、多数の民衆をかえって苦しめる、独裁的な政治体制を形成したり補強したりすることがある（末廣 一九九三、二一六頁）。開発教育導入がわが国より早かった欧米諸国において、このような援助のあり方に視点をあて、「だれのための援助か」が問い直されたのも、この教育の拡大の成果であった。

一九六〇年代後半から積極的に開発教育を評価し、「国家間の援助のあり方」をカリキュラムに取り入れてきた欧米の国々と比較すれば、残念ながらわが国には遅れがあるといわざるを得ない。特に開発教育の理論を研修する教師の養成システムや、教材開発・カリキュラムの検討、社会教育分野での人材養成などへの対応が望まれる。

4 「開発 development」の意味を検討する

●「開発」のニュアンス

development を日本語で「開発」と訳すか、それとも「発展」と訳すべきか、あるいはそれ以外に含まれる意味をどのように表現するかは、大きな問題である。

官公庁ですら「開発」と「発展」の統一ができていなかった。例えば developing countries は、外務省の『ＯＤＡ白書』では「開発途上国」、経産省の『経済協力白書』では「発展途上国」、内閣府の『経済白書』では、開発も発展もなしの単なる「途上国」としてきた。また文部科学省・教科書関係では主に「発展途上国」が使用されてきた。

さらにわが国では、一般的に「開発」という意味は「経済開発」として理解されてきた。しかし、英語の development には意味の広がりがある。例えば、中村尚司（一九九四、五頁）は development を最大限広い意味でとらえ「人間の経済活動に基づく永続可能な社会発展」と解釈し、開発と環境の両立する、臨界値（無限でない領域）を考察することを主張している。したがって、development education を単純に「開発教育」と訳しただけでは、正確なニュアンスが伝わらない危険性がある。

●広義の「開発」

他国ではどうであろうか。例えば、ジュリアス・ニエレレ（タンザニア初代大統領）は、開発＝development の意味を「……開発とは、あらゆる人々が平等の権利と等しい機会を持ち、不正を被ることなく、搾取せず、また搾取されもせず、隣人同士が平和に生きられるような、そして個人が贅沢な生活をする以前に、徐々にではあっても確実に皆が基本的な生活水準を高めていけるようなそういう社会を建設することだ」と説明している（M・モリッシュ 一九九一、六頁）。ここには二つのレベルでの開発が含まれている。

ジュリアス・ニエレレ（1922〜99）
出典：M. モリッシュ（1991, p.6）

第一は「個々の人間の開発」であり、平等の権利（人権）・等しい機会の獲得のための開発がそれである。第二は「社会の開発」である。平等の権利（人権）・等しい機会が保障されてはじめて社会の開発が付随して実現していくのである。これまで日本で行なわれてきた「人権学習」「同和問題学習」などの、手法や視点と重なる部分も多い。

これはオーストラリアのハーヴィー・L・パーキンス（CCA＝アジアキリスト教協議会、開発奉仕担当幹事）のいう開発の定義、「開発はまず最初に人々を解放することであり、最終的には社会を変革することである[15]」に結びつく視点である。人々の解放（＝開発）が行なわれた社会ではじめて社会変革も可能となってくるのである。

●開発の対象を考える

このように開発の内容は、その対象によって微妙にニュアンスが異なる。そこで私は①個人レベル、②国家レベル、③地球レベルの三つに開発の対象を分類し考察した。

①個人レベルの開発は、生存権や教育権など基本的な人権の獲得により、個人個人が自己を実現していけることである。

②国家レベルの開発は、いわゆる経済開発であり、経済的に豊かな国家の実現を意味する。したがって「国家レベルの開発」を追求すれば、世界中の富は平等に分配されず、一部の国家が独占することになり、南北問題はより深刻化してしまう。

前述の一九六一年に国連が打ち出した「第一次開発の一〇年（一九六一〜七〇年）」が挫折した要因も「国家レベルの開発」に固執したためである。[16] これまでの「国家レベルの開発」の視点に立った援助が成功しにくかった要因はここにある。依然として開発は、西欧化を第三世界に持ち込むことを狙った「トロイの木馬」でしかなかった（T・ヴェルヘルスト 一九九四、一七頁）。つまり植民地主義の尻尾を完全に断ち切っていなかったことが失敗の要因である。

援助国の企業や被援助国の一部の政治家を太らせるだけでなく、南側諸国の自然や歴史的、社

「開発って何？」
出典：「LINK」（1988年№. 6, 7/8月号）

会的環境に少なからず破壊的影響を与え、「援助による新たな貧困化」さえ生んでいるのが現状である（ヴェルヘルスト 一九九四、二五二頁）。

この失敗は、国家レベルの開発では、最終的に一国の経済利益のみの追求が行なわれていることになり、南北問題は解決されず、豊かな「北」と貧しい「南」の格差はむしろ拡大することを教訓として示している。

●地球レベルの開発へ

③地球レベルの開発は、一国の国益にとらわれない地球益の追求と実現が目的である。いうまでもなく南北問題や環境問題の解決には、国家レベルの開発を越えた、地球レベルの開発が必要となる。

自分たちが意識するしないは別として、今までの先進国の住人にとっては、自分たちの個人の贅沢な生活を実現するために「南」の住民は、搾取の対象でしかなかった。等しい権利（人権）や、等しい機会を持った、「隣人（同じ地球人＝地球市民）」ではなかったのである。ここには、国際理解の重要な土台（基本）である正しい人権への認識が、欠如していたのである。

現代世界は、相互依存・共存・共生の社会である。つまり一国の繁栄「国家レベルの開発」を追求する時代は、もはや終わったのである。にもかかわらず、依然としてこの体質から抜け出せないのが、現在のわが国であるように思えてならない。環境問題をはじめ、南北問題から波及して発生する、地球規模の課題を解決する方が、だれが考えてもはるかに「一国の利益」よりも大切なのである。すなわち人類の生存も、一国の繁栄も、突き詰めていけば、地球という場所・空間があるから「私たちの生存」そのものが可能なのである。私たちはこのことを忘れてはいけない。

●地球市民意識の形成

すなわち、地球レベルの開発が成功するためには、地球に住む同じ住民としての意識変革、共存・共生の価値観（地球市民意識）が、どこまで育つかがポイントになる。つまり、地球レベルの開発には、環境と開発の共生が可能な「持続可能な開発」が理想となってくるのである。[17]

これまでの人類の歴史は、国家レベルの開発（一国の利益追求）の歴史であった。残念であるが国家レベルの開発には、地球規模の共存・共生の価値観は含まれていなかった。したがって国家レベルの開発の追求は、永続的な発展（持続可能な開発）には結びつかない結果に終わった。

二〇世紀に起きた二度の世界大戦の悲劇は、国家レベルの開発（いいかえれば帝国主義）が、最終的にだれのプラスにもならないことを証明した。したがって、**開発教育が対象とするのは、国家レベルの開発ではなく、個人レベルの開発である。**そして、個人レベルの開発を追求するこ

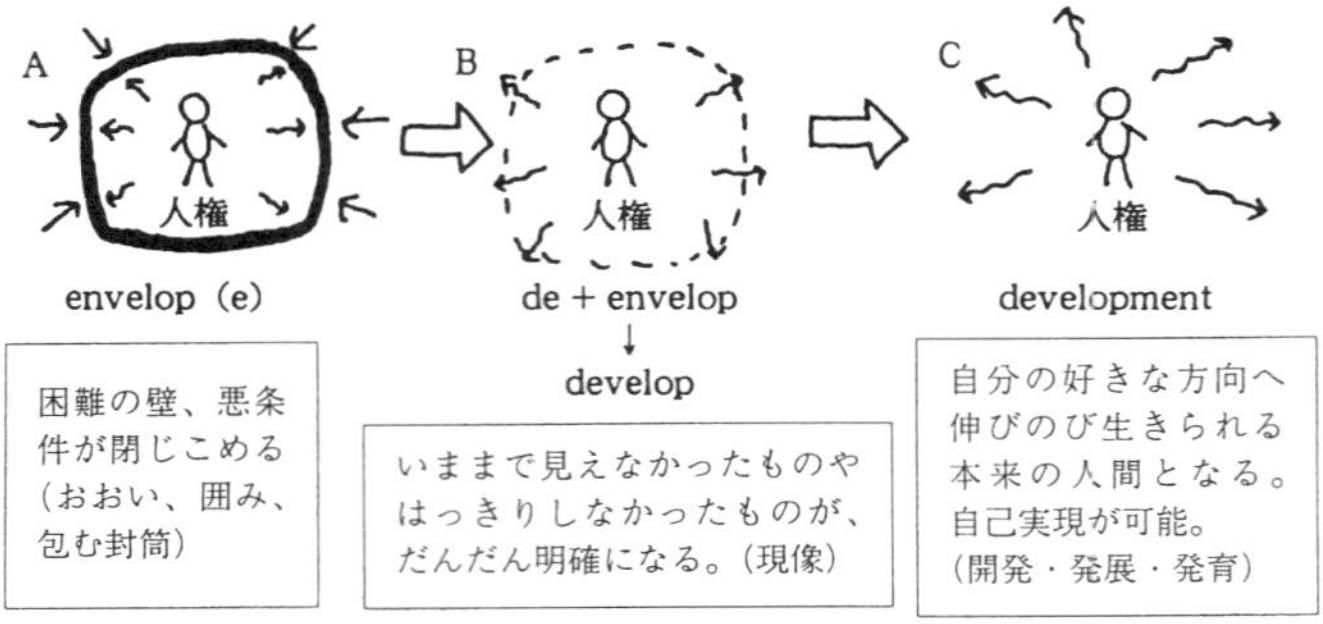

図4―1　個人レベルの開発の意味を考える図
出典：西岡（1996），p.74（著者作成）

とが、最終的には、地球レベルの開発（地球全体の利益）に集約されていくのである。

●個人レベルの開発の説明

それでは、個人レベルの開発とは、何を意味するのであろうか。図4―1：A↓B↓Cに示すように個人の開発とは、個人（人権）を「自己実現が可能となる状態」にまでdevelopmentすることである。これはdevelopの語源を考えれば容易に理解できる。つまりde＋envelopがそれであり、envelopには「おおう」「つつむ」「封筒」などの意味がある。すなわちde-envelopmentとは「おおいを取り去る」こと、つまり「解放」であり、それは単なる物理的な解放ではなく、全人間性＝全人権の解放を意味する。[18]

第三世界（途上国）地域で絶対的な貧困に苦しむ人々は、非識字・劣悪な衛生状態（地域保健）・技術的な立ち遅れ・早急な人口増加・失業などに直面している。これは「壁におおいつつまれ＝自己実現が困難な状況」にあるといえる。この困難な壁を内側において「打ち破る力の獲得＝エンパワーメント（フリードマン 一九九五、一三頁）」は、重要な開発教育の方向である。また外側から「壁を打ち破る」ために援助を行なうことも開発教育に含まれる。

いいかえれば、内側「南」からの開発教育と、外側「北」からの開発教育が、一致することで、困難な壁は打ち破れるのである。このような自己実現には、セルフ・リライアンス（self-reliance）つまり自分を信頼し、自分自身を頼むという発想が含まれる。この言葉は、内発的発展とか自立的発展と訳されている。

内発的発展とは、経済的・政治的かつ文化的自立への一過程という意味を含んでいる（ヴェルヘルスト 一九九四、二五一～二五二頁）。そして、実際に第三世界（途上国）に生活する人々を取り囲んで存在する、これらの問題「壁」の根源は、全て不正義とつながっている。したがって、私たちの努力が、「この問題の核心＝不正義」に、照準を合わせたものでなければ、すなわち人々（北の住人も南の住人も）が、「自ら不正義の鎖を断ち切るのを助けるものでなければ、われわれの援助は全て空しいといえる（ヴェルヘルスト 一九九四、三二頁）」と考えられる。

なぜなら「壁」は、「北」にも存在する。「南」の現状に無関心のままで、「富と豊かさ」を独占し続ける「北」の住民も、自己実現できない（＝本来の自分になれない）「壁」におおわれているのである。つまり、困難な壁に囲まれてきたのは「南」の住民だけでなく、「北」の住民も「不正義の鎖」という困難な壁を、自らの周囲に築いてきた歴史があるのである。

5　民衆運動としての開発教育

●パウロ・フレイレから学ぶ

　私は、開発教育を一つの歴史的運動＝「開発された民衆を育てるための運動」ととらえたい。そしてこの教育運動の出発点は、ブラジルの教育者パウロ・フレイレが指摘するように、人間自身に存在する。「……人間は世界と離れ、現実と離れて存在するわけでないので、運動もまた、人間と世界の関係から始まらなければならない。したがって出発点は、常にこの場所この瞬間に、人間とともになければならない」（フレイレ 一九七九、九〇頁）。それゆえに開発教育の対象は人間であり、「開発」の対象も、国家ではなく人間なのである。

パウロ・フレイレ（1921〜97）
出典：M. ガドッチ（1993, p.223）

　例えば、抑圧を受けてきた人々が、識字教育を受けることをきっかけとして、自らの権利に目覚めること（フレイレは「意識化」と呼んだ）は、開発教育の実践例である。このフレイレの

「意識化」は、前述した、**個人レベルの開発＝「打ち破る力の獲得」**＝エンパワーメントとほぼ同じ意味でとらえることができる（第4章4、図4―1個人レベルの開発の説明、参照）。

開発途上国の住民の開発をすすめるための教育は、既に一九六〇年代にEducation For Developmentとして、「教育は国づくりの基本である」という発想から、主にアジア地域において使用されてきた概念である。同じ時期、一九六〇年一月にユネスコはパキスタンのカラチで「カラチ・プラン」を提起している（第4章2参照）。

この概念はその後、アフリカ、ラテンアメリカに広がり、特にラテンアメリカで農村識字運動に結びつき、パウロ・フレイレの被抑圧者の教育論と結びついて、「開発途上国の貧しい人たちが自分たちの開発とは何かを、きちんと理解しなければならないという主張運動」になった。いわば**「南側における開発教育」**である。[19]

これに対して先進国の住民が、途上国の現状を学ぶことにより、これまで世界の富を独占してきたことを反省し、過剰開発を改めようと行動（市民運動）を開始することも開発教育の例である。いわば**「北側における開発教育」**である。

●南北で地球市民意識を育てる教育を

このように、同じ歴史的運動＝「開発された民衆を育てる運動」とはいえ、開発教育には「南側」の視点と「北側」の視点があり、おのずとアプローチの方法が異なってくる。つまり開発教育の目標が二つに分裂することになってしまう。これはある意味で開発教育の危機である。

しかし、立場の違うこの二つの視点は、最終的には「地球全体の利益」に集約されていくのである。また開発教育では、「単に開発問題に関する知識を得るだけでは済まされないのである。知識は確かに重要であるが、それに加えて、そのための思考方法と行動を起こすための技能も身につける必要がある[20]」とされる。

したがって、「北」と「南」ではアプローチの方法が異なっても、南北それぞれの住人が地球益・人類益という理想に向かって、「思考方法と行動を起こすための技能を身につける」ことは開発教育の分裂にはならないのである。むしろ、それによってますます開発教育は深まるのである。

6　NGO・NPOの理念に通じる開発教育

●NGO・NPOへの期待

政府と企業が結びついて展開してきた、これまでの「開発」への反省がなされてくる中で、NGO・NPOに対する期待が高まってきた。同じように教育の分野でも、もはや政府と企業のい

表4—5　NGOが果たすべき役割

①新しいビジョンの提示（人類社会の方向づけ） 政府や企業が作ったものとは別の、新しい人類社会のビジョンを提示していく。 ②国際社会の底辺にいる人々への支援（公正な社会づくり） 一部の人間が富を独占するなか、13億ともいわれる人々が貧困で苦しんでいる。 NGOはこの状況を変え、そうした人々の自立を助け、自治能力を育てるための支援を行う。 ③アドボカシー活動（制度・政策づくりへの参加） 国益や企業益から離れて、国家社会の底辺にいる人々の立場に立って、地球環境を守り、永続可能な発展ができるよう、政策・制度・援助・国際貿易などについて意見や代替え案を提示していく。 ④地球市民意識の向上（新しい価値観の創造） 世界の他の地域で生活する人々への思いやり、共に生き、分かち合う姿勢を持つ、地球市民を育てる。 ⑤市民社会の形成（草の根民主主義の推進） 日本の社会は、官僚指導型の伝統を今なお色濃く残している。市民を中心とした国際社会への変革を進めるためには、日本社会自体の変革を図り市民参加型の社会を形成していかなければならない。

出典：伊藤道雄「日本の国際協力市民組織（NGO）の現状と展望」デビッド・コーテン著・渡辺龍也訳（1995）『NGOとボランティアの21世紀』学陽書房，p.288。

いなりになった時代は終わろうとしている。開発教育のめざす社会の実現に向けて教育分野でも社会教育・学校教育を問わず、今後はNGO・NPOとの連係が不可欠になるだろう（平田　二〇〇五）。

NGO・NPOのパワーは社会構造を変えるだけでなく、教育の分野にも大きな変革をもたらすだろう。次にあげる「NGOの果たすべき役割」（表4—5）は、そのまま開発教育にも当てはまることが多い。これからの開発教育を考える際のヒントになるといえるだろう。このようなNGOの役割が、地球市民社会の形成にはどうしても必要である。同時に教育の分野においても、④にもあるように地球市民を育てることが目標となる。したがって今後は、NGO・NPOとの共同で、開発教育の教材づくりなどがもっと行なわれなければならない。

●開発教育の定義の変遷

開発教育の定義や目標は、巻末に示した「開発教育の定義・目標（巻末資料 1〜6）」「開発教育を考えるための資料（巻末資料 7〜9）」のように、現時点ではまとめられてきた。しかし、年代によって、また国や地域、そしてNGOによって、共通した部分もあるが、微妙にニュアンスは異なっている。欧米諸国の視点と、アジアのわが国の視点では異なる点も多い。また第三世界の国々における開発教育も当然考えられるが、それに関わる資料は、今のところ入手できていない。

いずれにせよ、細部については現在なおさまざまな議論がある。また実践的定義・アプローチの対象としては、（巻末資料 5）の五つのポイントをあげることができるだろう。

これらをまとめれば、地球規模のさまざまな問題（グローバル＝イシュー）の根底にある南北問題を常にその中心に置きながら行なわれるのが開発教育で、「先進国の国民の一人ひとりの基本的なものの考え方、行動にまで至り、自らの生活にまで反映させられた幅広い教育活動（太田

一九九八、四五頁)」と、表現できるだろう。

●ジーン・ビッカーズから学ぶ

ジーン・ビッカーズ(元国連ユニセフ職員)は、「開発教育とは、北の先進工業国で世界の開発問題に人々の関心を高める教育です。世界の二〇%の人々が八〇%の富を手にして、一方で飽食があり、他方で飢餓があるという先進国と途上国の経済的不平等はなぜ起こるのか。つまり南北問題についての理解を深め、そのような不公平を変えるために行動を起こすことです。なぜなら、**北の過剰開発も南の低開発も、ともに誤った開発であり、あるべき開発をめざすことは地球的な課題です。**だから地球的に考えて地域で行動する必要があります」(松井 一九九〇、一三五頁)と述べている。

ジーン・ビッカーズ
出典:松井(1990, p.135)

南の人々の貧困の原因の多くは、北の過剰開発にあることは否定できない。ゆえにこのような「壁」の原因は、開発途上国のみでなく先進国にも存在する。

先進国に住み過剰に開発された社会において、豊かさを独占してきた北の人々にも、別の意味で「適正な開発」に近づけるために開発教育が必要なのである。

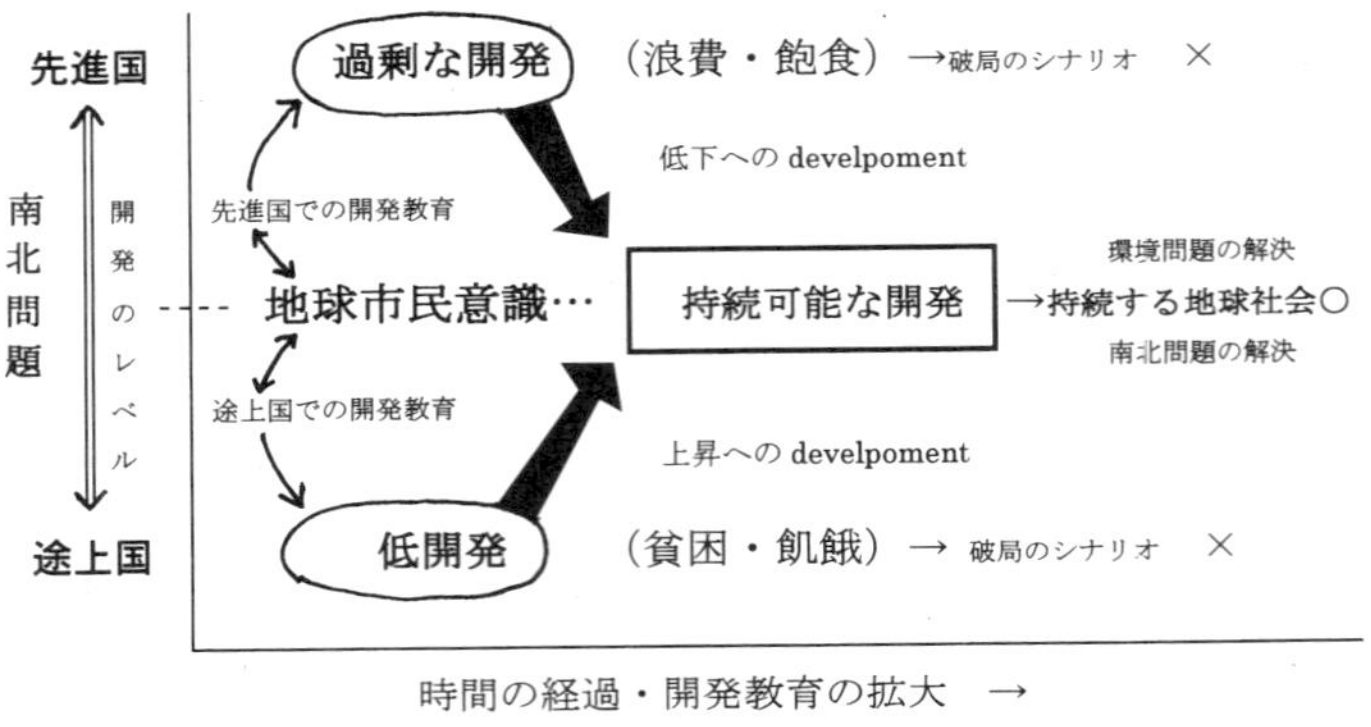

図４―２　開発教育とその目標（著者作成）

豊かな繁栄を続けてきた先進国の影には、植民地時代以来の労働力・資源供給地としての開発途上国と、その民衆が存在するからである。しかも、現在も「豊かさ」と「貧しさ」の格差は縮まるどころか、むしろ拡大しているのである。同じ地球の住人（地球人＝地球市民の一員）として、無関心でいることは許されない。

図４―２にこれまで述べてきたことをまとめた。そして、開発教育とは「南北問題の解決をめざす、南北問題を中心に置いた国際理解教育」と定義したい。

けれども前章までに述べてきたように、学校教育、特に世界地誌分野で「第三世界がきちんと教えられない」現在の日本の状況では、地球規模の課題に「無関心」な子どもたちを増やしている。これでは先進国としての責任を十分に果たしていない。今日の日本の教育に最も必要なのは、明治以来の欧米志向を転換し、「第三世界をきちんと教える」ことであり、開発教育の視点であると私は考えている。

7　開発教育の視点から第三世界をとらえ直す

●貧困根絶の一〇年の失敗

東西冷戦が終わった現在、国連は一九九六年を「貧困根絶のための国際年」とし、一九九六〜二〇〇五年を「国連・貧困根絶のための一〇年」として南北問題の解決を呼びかけた。「貧困の克服」が人類最大かつ緊急の課題となった。

一九七一年には二一か国だった国連指定の後発開発途上国（ＬＤＣ：Least Developed Countries）が、一九九五年五月には四七か国に、さらに二〇〇四年一月には五〇か国に「増大」してきた[21]（表4—6）。このように、最も貧しいとされるこれらの国が増えていることは、国連の唱える「貧困根絶」が失敗していることを証明している。

南北の格差は縮小せず逆に拡大しているのである。現在の「南」の国々ではごく一部の豊かな人々を例外として、「絶対的貧困」に苦しむ人々の数は確実に現在も増えているのである。この結果、現在の状況が示すように南北問題は地球規模の問題となり、人口爆発や環境破壊に見られるように「南」の人々だけを苦しめるのではなく、「北」の住人にも多くの困難をもたらすようになったのである。

表4―6　後発開発途上国（LDC）

地　域	国　　　名
アフリカ（34か国）	アンゴラ、ベナン、ブルキナファソ、ブルンジ、カーボベルデ、中央アフリカ、チャド、コモロ、コンゴ民主共和国、ジブチ、赤道ギニア、エリトリア、エチオピア、ガンビア、ギニア、ギニアビサウ、レソト、リベリア、マダガスカル、マラウイ、マリ、モーリタニア、モザンビーク、ニジェール、ルワンダ、サントメ・プリンシペ、シエラレオネ、ソマリア、スーダン、トーゴ、ウガンダ、タンザニア、ザンビア、セネガル
アジア（10か国）	アフガニスタン、バングラデシュ、ブータン、カンボジア、ラオス、モルディブ、ミャンマー、ネパール、イエメン、東ティモール
オセアニア（5か国）	キリバス、サモア共和国、ソロモン諸島、ツバル、バヌアツ
中南アメリカ（1か国）	ハイチ

備考：外務省 HP より作成。2004年1月現在50か国。

「開発教育」は、このような南北問題の解決・貧困の根絶に「正面」から「まじめ」に取り組もうとする教育理念・運動である。開発教育が拡大することで、南北問題・貧困の問題の原因の大部分が、「北」すなわち、先進国の住民側にあることがようやく認識されてきた。これは先進国住民の意識変革へとなってきた。

●先進国住民の意識変革

先進国の住民が、途上国の現状を学ぶことにより、これまで世界の富を独占してきたことを反省し、過剰開発を改めようと行動（市民運動）を開始することが開発教育の例である。とりわけ南北問題の発生するような社会構造・不正義の存在を見抜き、国家益を追求するのではなく、地球益の実現へと自らの生活態度や社会構造を変革しようと行動する（NGO活動や、ボランティアに参加する）人材を、「北」でも「南」でも開発教育を通して育成することが、開発教育の重要な目標となる。

知識による理解から意識変革へ、そして次の段階の行動へと「個人レベルの開発＝意識変革」が完成されていくのである。「南」「北」を問わず、同じ地球に住む住民として、人間一人ひとりを「地球市民意識」にまでdevelopmentしていくことが、開発教育の究極の目的なのである。

●地理教育に第三世界への視点を

地理教育においても、このような開発教育の視点から第三世界に対する認識を再検討していかなければいけないと私は考えている。従来わが国では軽視されがちであった第三世界を、世界地誌学習で積極的に教材化することで、開発教育の「意識変革＝態度形成」との連携が期待できる（中山 二〇〇一、一三〇頁）。

すなわち「地理的見方や考え方」を身につけ「地域性を明らかにする」という地理教育の目標に、地球市民意識への「意識変革」が加われば、地理教育は大きく発展することになる。第三世界（途上国）地域の地誌学習に、先進国との関係が理解できる内容を取り込めば、南北問題を解決できる方法に向かう「意識変革＝態度形成」は可能になってくる。

このように地誌教育へ開発教育の視点を取り入れていくことで、低迷したわが国における地理教育は、復興し活力を取り戻すと考えられる（全国地理教育研究会 二〇〇五）。

しかし、第2章、第3章で前述したように、残念であるが日本の地理教育では、第三世界は十分に教えられてこなかった。このことは、現在の日本が責任ある「先進国」として、子どもたちにきちんと学習権を保障していないことになる。いいかえれば、日本の国際貢献のチャンスを奪ってしまっているのである。このような国は「先進国」とはまだ呼べないのかもしれない。

第三世界のアジアに位置する日本は、同じ先進国でも欧米諸国とは異なり、他の第三世界諸国から期待され、その動向は世界から注目されている。このような日本において、地理教育が復興し開発教育が拡大することの意義は非常に大きい。

少なくとも「先進国」と呼ばれるには、まだ歴史的に成熟できていない段階である。日本国内で、地理教育の重要性が再評価され、かつ開発教育の視点が市民権を得て普及することで、日本は本当の意味で世界から尊敬される「先進国」となれると筆者は考えている。

（1）表4―1については、永井滋郎（一九八九）『国際理解教育』第一学習社、三四頁。大津和子（一九九二）『国際理解教育―地球市民を育てる授業と構想―』国土社、一五三～一五四頁。田中治彦（一九九四）『南北問題と開発教育』亜紀書房、一七〇～一七一頁を参考に加筆して筆者が作成した。

（2）表4―3は、前注、大津和子（一九九二）一五五頁。

(3) 松井(一九九〇)六二〜七二頁にNOVIBの活動が、また五〇〜五七頁に、「世界のパン」の活動が紹介されている。
(4) 室靖・矢島毅・赤石和則(一九八一)「新しい国際理解教育としての開発教育」国際理解第13号、国際理解研究所、九頁。
(5) 新井郁男(一九七一)「カラチプランの成立過程と構造」国立教育研究所紀要第七六集、所収、国立教育研究所(一九七一)一〜六五頁。阿部宗光(一九七二)「教育発展に関する地域協力計画としてのカラチプラン作成に関する考察・カラチプラン作成当時における参加国の教育実態から見て」国立教育研究所紀要第八一集、所収、一〜一一一頁。
(6) Canadian University Service Overseas の略称。
(7) 金谷敏郎(一九七九)「開発教育とは何か」、「クロスロード」第一六六号、「特集:開発教育を考える」、(一九七九年一〇月)三頁。
(8) 開発教育協会、〒一一二—〇〇〇二東京都文京区小石川二—一七—四一　富坂キリスト教センター2号館3階、研究誌『開発教育』や、機関誌『DEAR』を発行。
(9) 関西NGO協議会、アジアボランティアセンター、〒五〇三—〇〇一三大阪市北区茶屋町二—三〇
(10) 関西セミナーハウス、〒六〇六—八一三四京都市左京区一乗寺竹ノ内町二三
(11) ブラントラント委員会報告書の日本語訳としては、大来佐武郎監修(一九八七)『地球の未来を守るために』福武書店がある。また開発教育二七号(一九九四年四月)が、「特集:サステイナブル・ソサイエティ」を掲載している。
(12) 阿部治(二〇〇五)「国連・持続可能な開発のための一〇年が目指すもの」ユネスコ一〇九五巻(二〇〇五年一月、日本ユネスコ協会連盟発行)二〜四頁。
(13) 関西トレンディ「行動を求める開発教育・文部省は推進に消極的、地球市民の自覚遅れる」日本経

済新聞夕刊（一九九二年一〇月一日付記事）一六頁。
（14）高等学校学習指導要領「地理歴史科」地理B、3－（1）－エ、（一九九九年）。
（15）ハーヴィー・L・パーキンス編・三好亜矢子編訳（一九八九）『アジアにおける開発の手引』第二版、関西セミナーハウス、二頁。
（16）臨時増刊『世界』五七六号、岩波書店、一九九二年一二月、七八頁。
（17）マイケル・レッドクリフト著、中村尚司・古沢広祐監訳（一九九二）『永続的発展』学陽書房、では「永続的発展」と訳している。一般には「持続可能な開発」も使われている。
（18）「第二回開発教育を推進するセミナー報告書一九八九年六月三～四日」関西セミナーハウス（一九八九）一五頁。これに参加していた筆者が、ハーヴィー・L・パーキンス氏の講義で初めて聞いた説明である。
（19）金谷敏郎（一九九二）「地域における開発教育の方法論―開発教育をどう広げていくのか―」第五回全国開発教育推進研究会『開発教育を推進するセミナー・報告書』所収、（財）国際協力推進協会（一九九二年三月）一頁。
（20）ユニセフ協会・学校事業部（一九九四）『開発のための教育・ユニセフによる地球学習のための手引き書（指導用手引き・パイロットバージョン）』ユニセフ協会発行、六頁。
（21）外務省HP、「外交政策・国連・Q2：後発開発途上国（LDC）について詳しく教えてください。」http://www.mofa/go.jp/mofaj/gaiko/ldc/q2.html

シルエットクイズ④湖沼・海・湾名

上がほぼ北の方向です。縮尺・図法は一定ではありません。
●は首都または主な都市を示しています。ヒント：1～6、9、14～20は湖沼、その他は海または湾。

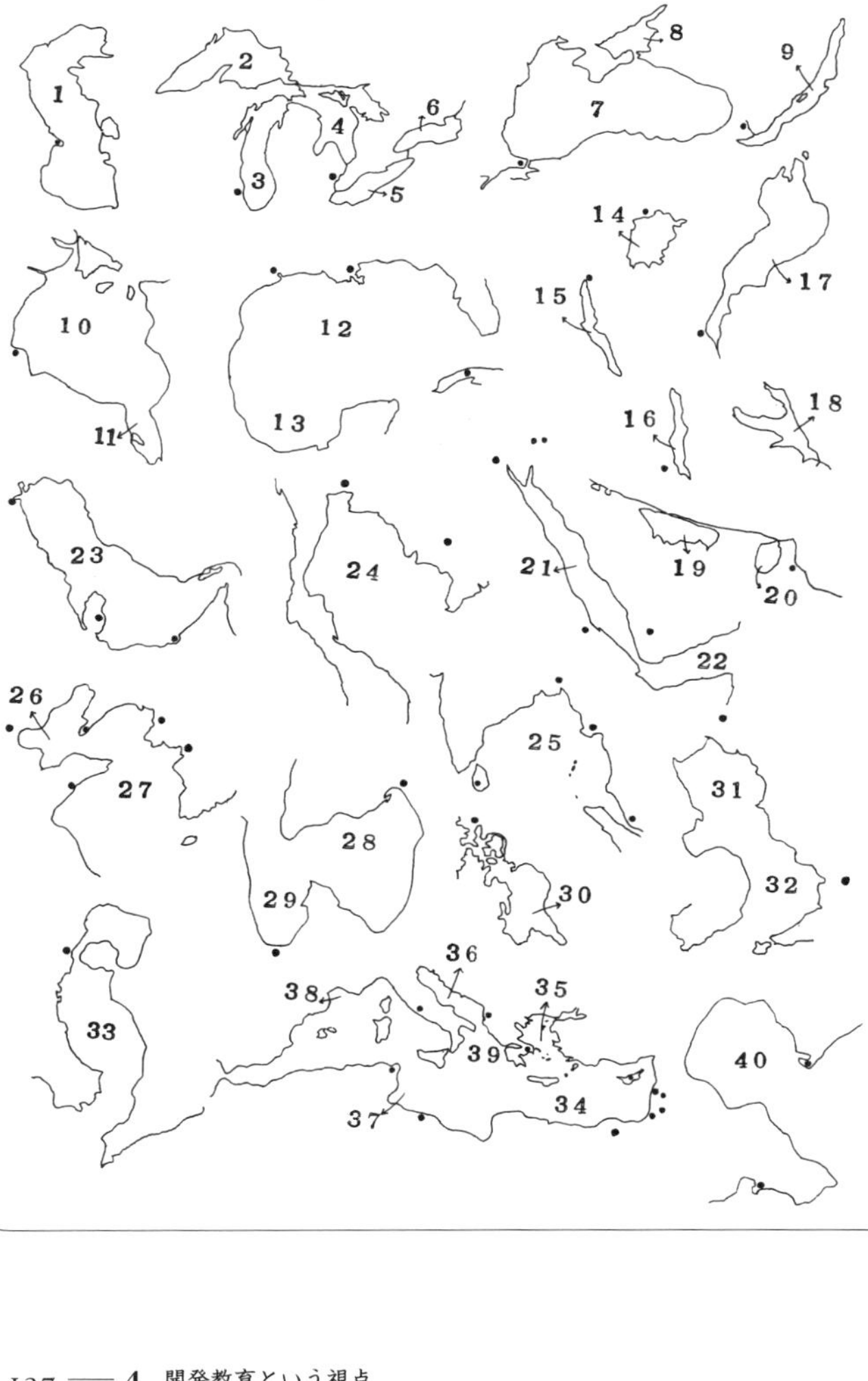

参考文献

畔上昭雄（一九六七）「社会科地理教育におけるBlack Africaのとりあげについて」『新地理』一五巻第一号、五六～六八頁。

池田香代子ほか（二〇〇一）『世界が一〇〇人の村だったら』マガジンハウス。

市川克美（二〇〇二）「メディアリテラシー・情報リテラシーの問題」『歴史地理教育』六四三号、二二～二五頁。

今永清二（一九七九）『福沢諭吉の思想形成』勁草書房。

T・ヴェルヘルスト著、片岡幸彦監訳（一九九四）『文化・開発・NGO』新評論。

江原裕美編（二〇〇一）『開発と教育―国際協力と子供たちの未来―』新評論
太田弘（一九九八）「開発問題を中心にした世界地理学習」『探究・学校の地理』地理増刊号、古今書院。

大谷猛夫（二〇〇二）「新学習指導要領下での中学地理年間プラン」『歴史地理教育』六三五号、一八～二四頁。

尾崎乕四郎（一九七九）「戦中・戦後教育への提言―国定教科書執筆体験を通じて―」『新地理』二七巻一号、一～一二頁。

甲斐田万智子（一九八六）「海外協力の広報と開発教育」『開発教育』九号。

開発教育編集委員会編（二〇〇八）「小特集・アフリカと日本」『開発教育二〇〇八、五五巻』、九三～一六五頁。

柿沼昌芳・田沼朗・三上昭彦編（一九九一）『子どもの権利条約・学校は変わるのか』国土社。

M・ガドッチ、里見実・野元弘幸訳（一九九三）『パウロ・フレイレを読む』亜紀書房。

鹿野政直（一九七九）『福沢諭吉—西欧化日本の出発—』平凡社。

川田維鶴撰（一九八六）『漂巽紀畧、付、研究　河田小龍とその時代』高知市民図書館。

菊池利夫（一九六〇）『地理学習の原理と方法』金子書房。

草地賢一（一九九〇）「スウェーデンの開発教育」『開発教育を推進するセミナー報告書』所収、関西セミナーハウス（一九九〇年三月）。

熊谷圭知（二〇〇〇）「はじめに」、熊谷・西川編（二〇〇〇）、i～iv頁。

熊谷圭知・西川大二郎編（二〇〇〇）『第三世界を描く地誌—ローカルからグローバルへ—』古今書院。

神戸泉（一九八四）「世界の大陸の面積認知について」人文地理第三六巻二号、七五～八三頁。

佐藤一子（一九八九）「産業構造の再編と生涯教育体系」『教育学研究』五〇巻三号。

佐藤誠三郎（一九九二）『「死の跳躍」をこえて』都市出版。

佐藤友計（一九九四）「福沢諭吉の地理教育観に関する一考察」『新地理』四二巻三号。

末廣昭（一九九三）『タイ・開発と民主主義』岩波書店。

全国地理教育研究会編（二〇〇五）『地球に学ぶ新しい地理授業』地理五〇巻八号増刊号。

田中耕三（一九九六）『地名と地図の地理教育—その指導の歩みと課題—』古今書院。

辻田右左男（一九七一）『日本近世の地理学』柳原書店。

寺本潔（一九九〇）「中学校社会科の創造と展開—地理的分野—」魚住忠久・山根栄次共編『初等・中等社会科教育』所収、学術図書出版社、一三四～一四〇頁。

戸井田克己（二〇〇二）「小・中・高・大の一貫的見地からみた地理カリキュラム」『地理』四七巻第八号、八～一三頁。

中村尚司（一九九四）「サスティナブル・ディベロップメントとは・新しい社会のシステムの試行をめざして」『開発教育』二七号。

中山修一（二〇〇〇）「地誌と地理教育・日本の地誌教育は何をめざしてきたか？」熊谷・西川編（二〇〇〇）二〇九〜二三〇頁。

――（二〇〇一）「地誌でたがやす地理教育第九回、地誌と開発教育の接点」『地理』四六巻第一号。

西岡尚也（一九九三）「援助は役立つ？」坂口慶治・植村善博・須原洋次編『アジアの何を見るか』所収、古今書院、二二五〜二三二頁。

――（一九九五）「わが国における開発教育の動向と課題―第三世界との新たな関係を・構築する教育への一試論―」『佛教大学大学院紀要』第二三号、九五〜一一九頁。

――（一九九六）『開発教育のすすめ―南北共生時代の国際理解教育―』かもがわ出版。

――（一九九七）「初等教育地理教科書類にみる第三世界（途上国地域）記述の変化―開発教育の視点から世界地誌の復興を考える―」『新地理』四五巻二号、三五〜四八頁。

――（一九九九）「開発教育と地理教育の関連についての一考察」『千里山文学論集』第六二号、八一〜九三頁。

――（二〇〇一）「開発教育のなかの異文化理解」『地理』四六巻第二号、一一〜一五頁。

――（二〇〇四a）「アフリカ大陸に関わる地図表記の課題―地理教育の視点から高校世界史教科書を検討する―」『琉球大学教育学部紀要』第六四集、九七〜一一〇頁。

――（二〇〇四b）「小学校社会科教科書六年下にみるアフリカに関わる記述の課題―開発教育の視点から地理教育の役割を考える―」『二〇〇三年度琉球大学重点科経費報告書・地域版教科書研究Ⅰ』七二〜八二頁。

――（二〇〇四c）「小学校教科書におけるアフリカ表記の課題―社会科六年下と中学地理を例として

―」『二〇〇四年度人文地理学会研究発表要旨』三八～三九頁。

――（二〇〇八）「高校世界史未履修問題にみる社会科教育の課題―大学生へのアンケートを中心に―」『琉球大学教育学部紀要第七二集』九八～一〇三頁。

西川大二郎（二〇〇〇）「地域研究と地誌を結ぶもの―再び地誌学を検討する―」、熊谷・西川編（二〇〇〇）、二三一～二五六頁。

半谷二郎編著（一九九一）『箕作省吾』旺史社。

P・フレイレ、小沢有作・楠原彰・柿沼秀雄・伊藤周訳（一九七九）『被抑圧者の教育学』亜紀書房。

平田哲（二〇〇五）『NPO・NGOとは何か』中央経済社。

福澤諭吉（一八七〇）『世界國儘』慶應義塾蔵版。

藤井宏志（一九九二）「アフリカ地誌研究からみた日本地理教科書のアフリカ地誌記述の歴史と現状」『エリア山口』（山口地理学会）二一号、一九～二七頁。

――（一九九四）「中学校地理教科書のアフリカ地誌記述の分析―平成五年本を中心に―」『兵庫教育大学研究紀要』一四巻、一二一～一三一頁。

藤田みどり（二〇〇五）『アフリカ「発見」―日本人におけるアフリカ像の変遷―』岩波書店。

J・フリードマン著、斉藤千宏・雨森孝悦監訳（一九九五）『市民・政府・NGO―力の奪からエンパワーメントへ―』新評論。

馬越徹（一九八九）「高等教育の発展と課題」馬越徹編『現代アジアの教育・その伝統と革新』所収、東信堂。

正井泰夫（一九七九）「地理教育の発展的展開」『新地理』二六巻第四号、一～九頁。

松井やより（一九九〇）『市民と援助・今何ができるのか』岩波新書。

水内俊雄編（二〇〇一）『空間・社会・地理思想』大阪市立大学大学院地理学専修発行、第六号、五九～一一二頁。

室井義雄（一九九七）『南北・南南問題』山川出版社。

M・モリッシュ、保科秀明訳（一九九一）『第三世界の開発問題』古今書院。

山口幸男（一九八一）「児童・生徒の地理的世界認識の発達—国名知識と地域区分理解の場合—」『新地理』二九巻第二号、三六〜四八頁。

——（一九八四）「地理的意識の発達と地図指導のポイント」『社会科教育』二六三号、二三〜二九頁。

——（一九九四）「地理意識発達の実証的究明」『群馬大学教育学部紀要』人文・社会科学編第四三巻、一四九〜一五〇頁。

——（一九九八）「国土学習の改善点と授業改革の焦点」『社会科教育』一二月臨時増刊、九四〜九七頁。

山西優二ほか（二〇〇八）『地域から描くこれからの開発教育』新評論。

横山泰夫（一九八九）「小学校高学年児童における地理的世界認識の一考察」『新地理』三六巻第四号、三〇〜三七頁。

吉田松陰（一八五四）「金子重輔行状」、山口懸教育會編（一九三六）『吉田松陰全集第一巻』岩波書店、六一五〜六一七頁。

あとがき　――地理学は常に世界観を持っていた。その世界観は変化する――

●南北問題の深刻化

本書では地理教育、特に世界地誌教育の課題から出発し、開発教育の視点を取り入れることで、「国境」を越える「地球人・地球市民」意識が喚起できることを指摘した。日本の国際貢献には「開発教育」の拡大と啓蒙による、NGO・NPO分野で活躍する人材の育成が不可欠であると考えるからである。

二一世紀は「文明の衝突」でスタートした。しかしその実体は、宗教や思想というイデオロギーの対立でなく、「経済の衝突」である。これを放置する以上紛争やテロはなくならない。

私たちの地球は共存・共生の社会であり、一国の繁栄と利益を求めた時代は終わった。

南北問題から波及し発生する環境問題をはじめとする、地球規模の課題解決が国益よりもはるかに大切である。「人類の生存」も「一国の利益」も、突き詰めていけば、地球という場所があるから「私たちの存在」そのものが可能なのである。この最も根本的なことを、私たちは再認識しなければならない。

先進国主導の自由貿易（ＩＭＦ・世界銀行）体制では、結局先進国に富が集中してしまう。南北問題の原因の大部分は、自国の利益のみを優先し、途上国の実情に目を向けてこなかった先進国側にある。この解決へ向けた努力を始めない以上、環境問題も加わり、地球の未来に展望はない。

●開発教育への期待

国連は一九九六年を「貧困根絶のための国際年」と定め、一九九六〜二〇〇五年は「貧困根絶のための一〇年」、二〇〇五〜一四年は「持続可能な開発のための教育の一〇年」と決議し、本腰で南北問題解決に向けたキャンペーンを実施している。

開発教育では、いうまでもなく「貧困」の存在する地域、いわゆる第三世界（＝開発途上国）地域への理解が大切になる。地理教育でも、第三世界への認識を再検討しなければならない時期に来たのである。

日本は豊かになった。残念であるがその一方では目標を見失った若者が増えているという。けれども、豊かになった社会に目標がなくなったのではない。

日本社会が豊かになったからこそ、「南北問題の解決」という新たな目標を持つことになったのである。同時にこれは、豊かになった日本社会に暮らす私たちの責任でもある。

また近年少しずつであるが着実に、NGO・NPO活動に積極的に参加し、国際協力や援助で活躍する若者も増えている。事実、開発教育協会のセミナーや大会には、他の研究会や学会には見られない、「若者」の活気があふれている。何より「社会を変革する力」が、この教育には含まれていると私は考えている。

一人でも多くの若者に、第三世界の現実を通して「南北問題」を学び、自分たちの技術や知識の「役立つ場所」が、世界中にはたくさん存在していることを知ってほしい。私は長年教育に関わってきた者として、このような「開発教育の力」を信じたい。

●地理教育で地球市民意識の形成を

同じ地球に住む「第三世界」の人々の実情を伝えることが、若者の「世界認識の転換」へのきっかけになると考えられる。ただしその際には、第3章で述べたように特定の地域に対して、先入観・偏見を与えない工夫が大切となる。

このような地球規模の課題を考察する基本には、「世界地図で物事を把握する手法」=「地理的なものの見方考え方」が必要である。そして今日必要な世界認識は、国家（国益）を越えた価値観「地球市民意識（地球益）」の形成である。

しかし、近年わが国では、学校教育において地理教育分野は軽視され「低迷」「衰退」している。

私は、開発教育の視点を世界地誌に取り込むことで、地理教育は活性化し復興できると考えている。

最後になりましたが、本書出版の機会を与えて下さった企画委員の諸先生、ナカニシヤ出版社長中西健夫氏、および的確なアドバイスをいただいた、編集部吉田千恵さんに心より御礼申し上げます。またいつも家庭面で支えてくれている、妻・しのぶに感謝します。さらに亡き両親、父・一夫と母・良子へ感謝の気持ちを捧げます。

二〇〇六年八月

知念半島の見える研究室にて

西岡尚也

《初出一覧》

以下は各章の基礎となった論文とその関係である。

序　章：書き下ろし（新稿）

第1章：『開発教育のすすめ―南北共生時代の国際理解教育―』かもがわ出版（一九九六）の第三章の一部を基礎に新たなデータを加筆・修正して再構成。

第2章：「初等教育地理教科書類にみる第三世界（途上国地域）記述の変化―開発教育の視点から世界地誌の復興を考える―」『新地理』四五巻第二号（一九九七）、のⅠ～Ⅱを基礎に新たな資料を追加・加筆し再構成。

第3章：「新旧教科書・社会科六年下にみるアフリカ表記の課題―開発教育の視点から―」『新地理』五三巻第一号（二〇〇五）、を基礎に一部改変・加筆し再構成。

第4章：『開発教育のすすめ―南北共生時代の国際理解教育―』かもがわ出版（一九九六）の第四章の内容を基礎に大幅な加筆・修正をし再構成。

資料９　何をめざしているの？

開発教育を通してめざす大きな目標は、共に生きることのできる公正な地球社会の実現です。またこの大きな目標実現のために必要な実践ごとの目標は

① 知ること
② 考えること
③ 変わり、行動すること

の３点です。

私たち一人ひとりが変わるということは、地球社会のさまざまな課題に目を向けるとともに、私たちの日常生活の仕方そのものを変えていくことが基本にあります。

また、身近に暮らす外国人との共生や、差別・偏見を持たない人間観を持つこともきわめて大切なことです。

しかしさらに重要なことは、こうした自己変革を個人的なレベルにとどめるのではなく、社会的レベルの実践とするために、社会の制度的な変革や幅広い人々に訴えていく活動です。

また、現在行われている学校や社会での教育活動そのものも変えていかなければ、これらの目標を実現することはできません。

日本のこれまでの教育は、どちらかといえば受験に縛られた知識偏重型教育、教える側の一方的・強制的教育が中心でした。

最近になってようやく、一人ひとりの個性を大切にした主体的学習、総合的視野の養成などに留意した教育のあり方が論じられるようになりました。

教育のあり方そのものを問い直す開発教育は、今後の日本の教育を先取りし、新しい視点と方向を指し示しているといえます。

開発教育はそうした意味で、これまでの教育そのものを考え直すこともめざしているのです。

出典：資料７～９いずれも開発教育協会 http://www.dear.or.jp（一部加筆修正）

資料7　開発教育ってなあに？

共に生きることのできる公平な社会のために

豊かさは、誰にでも公平にいき届いているわけではありません。商業的な利益や、経済的な効率、ばかりを優先する社会のあり方は、弱い立場に追いやられる人々を生み出しました。

そして現在と未来の、全ての命にとって大切な地球環境を、破壊してきました。そうした社会の中で、私たち自身もいつしか豊かさの意味を見失いつつあるようです。世界でおこっている貧困・飢餓、紛争・戦争、環境破壊、人権侵害といった問題は、日本の社会のあり方や私たちのライフスタイルとも深く関係しています。また日本にも同様の問題が存在しています。

文化・民族・宗教などを異にする世界の人々がともに生きることのできる公正な社会をつくっていくことが、これからの大きな課題ではないでしょうか。

そのためには、私たち一人ひとりが、こうした問題をよく知り、自分の問題として考え、その解決に向けて行動していくことが必要です。開発教育は、こうした課題に取り組む教育活動です。

資料8　開発教育のねらい

開発教育は、英語の Development Education を、日本語に直訳した言葉で、1960年代に南の開発途上国でのボランティア活動に出かけていた、欧米の若者たちによって始められました。

最初は、開発途上国への、支援を促すための教育、という色彩の強いものでした。

その後、南北問題や貧困、環境破壊といった問題が、先に工業化した国々との関係の中で、構造的に起こることを理解し、それらの問題の解決に向けて、一人ひとりが参加し、行動していこうとする教育活動に変化していきました。

私たちは、これまで経済を優先とした開発をすすめてきた結果、貧富の格差や環境の破壊など、さまざまな問題を引き起こしてきました。これらの問題に取り組むことが、私たちみんなの大きな課題となっています。

開発教育は、私たち一人ひとりが、開発をめぐるさまざまな問題を理解し、望ましい開発のあり方を考え、共に生きることのできる、公正な地球社会づくりに参加することをねらいとした、教育活動です。

資料6　最も新しい定義

開発教育協議会は開発教育を、「私たち一人ひとりが、開発をめぐるさまざまな問題を通し、望ましい開発のあり方を考え、共に生きることのできる社会づくりに参加することをねらいとした教育活動である。」と定義している。

（1990年代後半の定義）

開発教育の具体的目標（5項目）

① 開発を考えるうえで、人間の尊厳性の尊重を前提とし、世界の文化の多様性を理解すること。
② 地球社会の各地にみられる貧困や格差の現状を知り、その原因を理解すること。
③ 開発をめぐる問題と、環境破壊などの地球的課題の、密接な関連を理解すること。
④ 世界のつながりの構造を理解し、開発をめぐる問題と、私たち自身との深いかかわりに気づくこと。
⑤ 開発をめぐる問題を克服するための努力や試みを知り、参加できる態度を養うこと。

出典：開発教育協議会「開発教育キーワード51」p.69（2002年3月）

開発教育協会・入会案内パンフレット

http://www.dear.or.jp

資料4　ＮＧＯと開発教育の関係

① 開発教育は、NGO のための目標ではなく、NGO の経験と支えによる学習である。
② 開発教育は、経済・物質に奉仕するために明治以来続いてきた管理型・定型教育から離れ、次の３つの自由をベースとした学習である。
（１）自分で自分を養う。
（２）自分で自分の意見を他者に伝える。
（３）自分自身の手によってコミュニティーを統治する。
③ 開発教育は第一義的には、組織や団体の拡大、発展、強化のための教育ではなく、組織、団体を支える市民を形成することを目標とする学習である。
④ 開発教育は、専門家・権威者による教育ではなく、学習者自らが推進者となって行う学習である。
⑤ 開発教育は、発展途上国の状況についての教育ではなく、学習者自身のあり方を変革するための、変革志向型の学習である。

出典：第１回『全国NGOの集い報告書・NGO間の新しいネットワークを求めて』全国 NGO の集い実行委員会（1992, 4）p.16。吉井宏（開発教育事務局長）のコメントより引用。

資料5　実践的な開発教育へのアプローチ

① 発展途上国の総合的（政治経済的側面だけでなく）理解・学習。
② 身近なところにある南北問題（人権問題・環境汚染・消費生活など）の学習。
③ 低開発あるいは南北問題の諸様相（人権・平和・暴力・貧困・飢餓・人口爆発・環境汚染・疾病あるいは保健衛生・都市のスラム化・地球の砂漠化・文盲・失業・産業貿易構造・経済発展の格差・累積債務・植民地主義・開発協力など）とその原因の学習。
④ これらの南北問題を克服するための努力についての学習や方策についての研究。
⑤ 南北問題克服に参加する態度の養成とその行動化。

出典：1988年８月20日開発教育全国研究集会資料

資料3　開発教育は「政治教育」でもある（ドイツの例）。

・ドイツ（旧西ドイツ）における開発教育

①　開発教育は政治教育である

開発教育は「開発政策に関する意識形成活動」（Entwicklungspoliti-schedungsarbeit）と呼ばれることが多く、連邦経済協力省によれば、開発途上国の状況・およびドイツと第三世界との間のパートナー関係に対する理解を適切なプログラムによって促進することを課題とする意識形成である。

②　連邦政府よりも州政府が主導権を持つ

学校におけるカリキュラムの編成権は各州に所属し、学校教育への開発教育の導入は、基本的には州政府の仕事であり、連邦政府がそれを強制できない仕組みになっている。

開発をテーマとする経済協力省の広報活動には次の2つがある。

a、「情報活動」；開発協力の支持を国民の間で高めること、ドイツの開発援助の意図と業績を知らせる。

b、「形成活動」；開発問題の理解を進めると共に開発途上国と連携できる能力の養成を目指す。

③　第三世界教育学 Dritte Welt Pedagogik

開発教育の方法論を教育学的に体系化する試みが行われている。

出典：廣藤啓二（1990）「西ドイツにおける開発教育―バーデンビュッテンベルク州を中心として―」『京都学園高校論集』（1990年）pp. 141～142、より一部を引用。

資料2　1990年代の開発教育の定義

・イギリス開発教育協会パンフレット（1993年10月）

開発教育は「北」と「南」の関係を開拓する過程であり、より一般的には私たち自身の生活と世界全体の人々の生活とを結ぶ過程である。それはまた、私たちの地球規模の相互依存性を認識し、現在起こりつつある変化すなわち「北」に求められる態度と価値の変化に関わるものである。

開発教育は、南の人々を慈善的な支援を待っている無力な犠牲者としてみるのではなく、開発の過程に携わる同等なパートナーとして、私たちが多くを学ぶことができるパートナーとして認識することに関するものである。

開発教育は新たな生活の方法を見出し、将来の新しい選択肢を開拓することに関わる。それは人々が自らの生活を自らがコントロールでき、情報がある中で選択できるような技能と知識を開発するための教育である。それは参加、効果的な行動、そして永続する変化に関わる教育である。

田中治彦（1994）『南北問題と開発教育』亜紀書房 pp.122〜23より

・日本、開発教育協議会入会案内パンフレット（1994年５月）

貧困・飢餓・環境破壊など、この地球上で起こっているさまざまな問題は、日本に住む私たちの生活と無関係ではありません。開発教育は、よりよい地球社会の実現に向けて、このような問題をもっと知り、解決のために、私たちに何ができるかを考え、行動するための活動です。

開発教育は、単に途上国に関する知識量を増やしたり、またそこに住む人々に対する哀れみの感情を強調することでもありません。むしろ、途上国に広範にみられる貧困や抑圧を地球規模の不公正としてとらえ、その原因がしばしば工業国の中に存在することを学び、問題に気づいたら自分としてどうすればいいのかを考える、そしてその問題の解決に進んで参加していこうとする関心や態度を養うことにねらいと本質があるといえます。

〈資　料〉

資料１　スタート期の開発教育の定義

・国際連合合同情報委員会　1975年

開発教育の目標は、人々が自らが属する社会、国家そして世界全体の開発に参加できるようにすることである。参加のためには、社会的・経済的・政治的な諸問題の理解に基づいて、地域の・国家の・そして世界全体の状況をはっきり認識していかなければならない。開発教育は工業国と発展途上国それぞれにおける人権・人間の尊厳・自立・社会正義の問題と結び付いている。低開発の原因や開発の意味するものへの理解の促進、そして新経済社会秩序の研究方法とも関連している

・イギリス開発教育諮問委員会　1977年

我々は開発教育という用語を、世界的な社会・経済・政治の諸条件、特に低開発に関連し、低開発の原因となっている諸条件についての理解を深めていく思考と行動の過程を描くために使用する。その目的は改善のための行動へのかかわりを広げていくことにある。

・開発教育協議会（日本）　1982年

これから21世紀にかけて急速な克服を必要としている人類社会共通な課題、つまり低開発について、その様相と原因を理解し、地球社会構成国の相互依存性についての認識を深め、開発を進めていこうとする多くの努力や試みを知り、そして開発のために積極的に参加しようという態度を養うことをねらいとする学校内外の教育活動。

出典：1988年８月20日開発教育全国研究集会資料

シルエットクイズ解答

①(国名)：1 ミャンマー 2 シリア 3 北朝鮮 4 ラオス 5 モンゴル 6 ネパール 7 タジキスタン 8 バングラデシュ 9 ブータン 10 イラク 11 アンゴラ 12 チャド 13 モザンビーク 14 ソマリア 15 エジプト 16 中央アフリカ 17 セネガル 18 南アフリカ 19 ベルギー 20 スウェーデン 21 ポーランド 22 スペイン 23 メキシコ 24 ベネズエラ 25 ガイアナ 26 ブラジル 27 パナマ 28 エクアドル 29 アルゼンチン 30 パプアニューギニア

②(島名)：1 マダガスカル島 2 ルソン島 3 アイスランド島 4 キューバ島 5 ハワイ島 6 グリーンランド島 7 セイロン島 8 台湾島 9 ニューギニア島 10 クレタ島 11 ジャワ島 12 シチリア島 13 イスパニョーラ島 14 ミンダナオ島 15 スラウェシ島 16 グレートブリテン島 17 タスマニア島 18 スマトラ島 19 本州島 20 北海道島 21 サハリン（樺太）島 22 ボルネオ（カリマンタン）島 23 北島（ニュージーランド） 24 海南島 25 キプロス島 26 アイルランド島

③(半島名)：1 カムチャッカ半島 2 朝鮮半島 3 マレー半島 4 イタリア半島 5 クリム半島 6 インドシナ半島 7 ユトランド半島 8 コーンワル半島 9 イベリア半島 10 ユカタン半島 11 カリフォルニア半島 12 シナイ半島 13 ラブラドル半島 14 フロリダ半島 15 ノバスコシア半島 16 スカンジナビア半島 17 ヨーク岬半島 18 シャントン（山東）半島 19 バルカン半島 20 ペロポネソス半島 21 リヤオトン（遼東）半島 22 薩摩半島 23 伊豆半島 24 下北半島 25 島根半島 26 知多半島 27 渥美半島 28 アラビア半島 29 コタンタン半島 30 ブルターニュ半島

④(湖沼・海・湾名)：1 カスピ海 2 スペリオル湖 3 ミシガン湖 4 ヒューロン湖 5 エリー湖 6 オンタリオ湖 7 黒海 8 アゾフ海 9 バイカル湖 10 ハドソン湾 11 ジェームス湾 12 メキシコ湾 13 カンペチェ湾 14 ビクトリア湖 15 タンガニーカ湖 16 マラウイ湖 17 琵琶湖 18 霞ヶ浦 19 サロマ湖 20 能取湖 21 紅海 22 アデン湾 23 ペルシャ湾 24 タイランド湾 25 ベンガル湾 26 渤海（ポーハイ） 27 黄海 28 陸奥湾 29 青森湾 30 大村湾 31 有明海 32 島原湾 33 鹿児島（錦江）湾 34 地中海 35 エーゲ海 36 アドリア海 37 ガベス湾 38 リヨン湾 39 イオニア海 40 内浦（噴火）湾

■著者略歴
西岡尚也（にしおか・なおや）
1958年 京都府生まれ。
奈良大学文学部地理学科卒業。
佛教大学大学院教育学研究科生涯教育専攻修士課程修了。
関西大学大学院文学研究科地理学専攻博士後期課程単位取得退学。
京都府立高校教諭，琉球大学教育学部准教授・教授を経て
現在、大阪商業大学公共学部教授。専門は地理教育・開発教育。
著 書
【単著】『開発教育のすすめ―南北共生時代の国際理解教育―』
（かもがわ出版，1996年）
【分担執筆】『アジアの何を見るか』（古今書院，1993年）
『世界の風土と人びと』（ナカニシヤ出版，2000年）
『新・アジアに強くなる75章』（かもがわ出版，2003年）
『小学生に教える「地理」』（ナカニシヤ出版，2006年）
『シネマ世界めぐり』（ナカニシヤ出版，2009年）
『近畿を知る旅―歴史と風景―』（ナカニシヤ出版，2010年）
『地理教育・社会科教育の理論と実践』（古今書院，2012年）
『教育格差をこえる日本・ベトナム共同授業研究』（明石書店，2015年）
『地理教育研究の新展開』（古今書院，2016年）
『世界地名大事典（ミャンマー担当）』（朝倉書店，2017年）
『47都道府県・商店街百科』（丸善出版，2019年）ほか。

【叢書・地球発見 9】
子どもたちへの開発教育
― 世界のリアルをどう教えるか ―

2007年4月10日　初版第1刷発行
2024年4月10日　初版第6刷発行
（定価はカバーに表示しています）

著　者　西　岡　尚　也
発行者　中　西　　良

発行所　株式会社　ナカニシヤ出版
〒606-8161　京都市左京区一乗寺木ノ本町 15
TEL (075)723-0111
FAX (075)723-0095
http://www.nakanishiya.co.jp/

印刷／製本・太洋社

ISBN978-4-7795-0009-1　C0325

叢書 地球発見

1	地球儀の社会史 —愛しくも，物憂げな球体—	千田 稔 1,700円
2	東南アジアの魚《うお》とる人びと	田和正孝 1,800円
3	『ニルス』に学ぶ地理教育 —環境社会スウェーデンの原点—	村山朝子 1,700円
4	世界の屋根に登った人びと	酒井敏明 1,800円
5	インド・いちば・フィールドワーク —カースト社会のウラオモテ—	溝口常俊 1,800円
6	デジタル地図を読む	矢野桂司 1,900円
7	近代ツーリズムと温泉	関戸明子 1,900円
8	東アジア都城紀行	高橋誠一 1,800円
9	子どもたちへの開発教育 —世界のリアルをどう教えるか—	西岡尚也 1,700円
10	世界を見せた明治の写真帖	三木理史 1,900円
11	生きもの秘境のたび	高橋春成 1,800円
12	日本海はどう出来たか	能田 成 1,900円
13	韓国・伝統文化のたび	岩鼻通明 2,000円
14	バンクーバーはなぜ世界一住みやすい都市なのか	香川貴志 1,800円
15	タウンシップ —土地計画の伝播と変容—	金田章裕 2,000円